南怀瑾经典 | 辅读版

南怀瑾说道

于台风 \ 著

时事出版社

图书在版编目（CIP）数据

南怀瑾说道 / 于台风著 .—北京：时事出版社，2017.2（2018.8 重印）
ISBN 978-7-5195-0046-7

Ⅰ．①南…　Ⅱ．①于…　Ⅲ．①道家思想－通俗读物
Ⅳ．①B223-49

中国版本图书馆 CIP 数据核字（2016）第 321926 号

出版发行：时事出版社
地　　址：北京市海淀区万寿寺甲 2 号
邮　　编：100081
发行热线：（010）88547590　88547591
读者服务部：（010）88547595
传　　真：（010）88547592
电子邮箱：shishichubanshe@sina.com
网　　址：www.shishishe.com
印　　刷：三河市华润印刷有限公司

开本：670×960　1/16　印张：18　字数：206 千字
2017 年 2 月第 1 版　2018 年 8 月第 3 次印刷
定价：32.00 元
（如有印装质量问题，请与本社发行部联系调换）

前言

道家告诉我们的生活智慧

春秋战国时期是文化极度繁荣的时期。在这一时期，以孔子、老子、孟子、墨子、庄子、韩非子等为代表的诸子蜂拥而起，而以儒家、道家、法家、墨家等为主要学术阵营的百家开始争霸。在这场摧朽拉枯、势不可挡的学术与思想大变革中，道家以独特的优势，成为“诸子百家”中一门极其重要的哲学流派，贯穿于中华文化始终，对中国乃至世界都产生了巨大且深远的影响。

道家的哲学核心思想可以总结为一个“道”字。在道家看来，天地的运化和世事的更迭都是有“道”可循的，而道以自然为本，追求清净无为、保持本性、淡泊名利，不打破世间万物原本的运行轨迹，这种身心舒爽、纯粹素朴、不为物累的思想主张更加贴近人们的生活。

南怀瑾先生是国学智慧的集大成者，自幼熟读经史子集，学识贯通东西，满腹经纶，著作等身。他尤其擅长用“经史合参”的方式讲解中国古典文化，引经据典，谈古论今，寓意深长，发人深省。在他深入精微的解说下，道家文化犹如一窖烈酒，经过两千年历史浸染之后，迸溢出缕缕幽香，味淡而绵长，清洌却醉人；也像那润物细无声的春雨，悄无声息地影响着人们的言行，改变着世人为人处世的态度。此外，南怀瑾先生身上所呈现出来的“身无分文、富可敌国，手无金印、权倾天下”的“王霸”之气，本身就和道家文化的熏陶有着千丝万缕的联系。

本书立足于南怀瑾先生对道家经典深入透彻的理解，从为人处世、修身养性、人情世故、领导艺术、无为之道、养生智慧、生活哲学、生命真谛八个角度出发，收录了南怀瑾先生著作中关于道家哲学的精彩片段，将道家哲学在社会生活中方方面面的巧妙运用一一道来。在南怀瑾先生的指引下，我们将一起走近那些大智大贤的圣人，探求道家的思想繁花在处世哲学中的高明之处，让人生的道路顺风顺水、畅通无阻。

目录

第一章

南怀瑾谈道学中的为人处世：

以天下之至柔，驰骋天下之至坚

一个人的事业成功与否，最直接的决定因素是勤劳，而做人成功与否，却不仅仅是善良所能左右的，还在于是否懂得处世哲学。古往今来，那些功成名就、受人爱戴的圣贤们都是深谙处世之道的人，他们懂得什么该坚持、什么该舍弃，以及什么时候坚持、什么时候舍弃，因而常常能事半功倍，无往而不利。道家文化中包含着最实用的为人处世哲学，想要在人生的道路上走得平稳和长远，不妨通过汲取道家文化精髓来学习圣贤们的处世方法。

曲则全，枉则直

为人处世，善于运用巧妙的曲线只此一转，便事事大吉了。

——南怀瑾

读南怀瑾先生的著述《老子他说》可以看出，在先生心里，“曲则全”和“枉则直”都是值得遵循的天道和自然法则，若能巧妙用到为人处世上，往往能达到事半功倍的效果。

南先生认为，“曲则全”“枉则直”是老子抓住我们老祖宗的传统文化原则后，指出的做人处世与自利利人之道，即用委婉迂回的方式达到圆满的处世结果。比如，同样是批评人，南先生说：“善于言辞的人，讲话只要有此一转就圆满了，既可达到目的，又能彼此无事。若直来直往，有时是行不通的。”所以，人生在世，无论是说话还是做事，如果采用直接的方式行不通，可以换种思路，采用间接的方式试试。

聪明的人懂得变通

历史上很多取得伟大成就的人都懂得与世推移、顺势而为的道理。这样的人往往比常人更加心思细腻，不拘泥于形式，能够依据不同情况用含蓄曲折的方式达到利人利己的目的。如此一来，既能顾全面子，又能顾全里子，成全所有人，进而取得皆大欢喜的效果。

诸葛亮就是一位善于变通的智者。

历史上有名的赤壁之战，以曹操的惨败而告终。当时孙刘联盟虽然大胜，却并不一心，可以说各自都在心里打着小算盘。周瑜想把曹操及其残留部队赶到刘备的地盘，借刘备之手杀掉曹操，让魏国的复仇大军以刘备为最大的仇人，以挑起双方战争，自己坐收渔翁之利。而神机妙算的诸葛亮一眼就识破了周瑜的诡计，他既不能让曹操死在自己的地盘上为日后埋下祸端，又不能明目张胆地放了曹操，致使盟友东吴不满。在这种两难的情况下，诸葛亮料到多疑的曹操必定会走那崎岖难行的华容道，又考虑到曹操对关羽有恩，再加上夜观天象发现曹操命不该绝，于是搬出关羽把守华容道。诸葛亮深知以关羽有恩必报的个性，他一定禁不住曹操的巧舌如簧，最终宁愿自己领受军法，也会放走曹操。所以，最终，诸葛亮不但巧妙地放走了曹操，使周瑜的奸计不能得逞，又让关羽报了曹操昔日的知遇之恩，以免日后战场相见再心存顾虑。同时，当东吴派鲁肃来打探战况时，诸葛亮又以一场苦情戏堵住了东吴的嘴。诸葛亮此举，可谓“一箭三雕”，一切看似在意料之外，却又都在他的掌控之中。

试想，如果诸葛亮不懂变通，而是直截了当地选择杀或者不杀曹操，又会是什么样的结果呢？他杀曹操，正中了周瑜的奸计：一方面，魏国势力衰退，必定会把刘备当作头号大敌；另一方面，东吴一家独大，从此不再把刘备放在眼里，随时都能灭之歼之，刘备及其军队就会生活在水深火热之中。他若不杀曹操，并堂而皇之地放走曹操，必然会引起东吴的不满，坐实背叛盟友的罪名，而孙刘联盟破裂，蜀军也会腹背受敌。事实上，在这种特殊的情境下，诸葛亮并没有太多的选择，他只能放走曹操，而且要手段高明地放，要有一个合乎情理、能够让东吴哑口无言的理由，而曹操和关羽昔日的恩情，恰巧就成了这个理由。

最终，诸葛亮迂回地放走了敌人，保全了自己，这其中就体现了“曲则全”的道理。

尺蠖之屈，以求伸也

出自《易·系辞下》的“尺蠖之屈，以求信（注：信通伸）也”和老子的“枉则直”有着异曲同工之妙，都是想告诫世人，做人要能屈能伸，只有懂得韬光养晦，默默提升自身修养和才华，才有受人尊敬、功成名就的一天。如果一味地眼高手低，空有“大鹏展翅恨天低”的抱负，而不愿从底层做起积累经验，保存实力，则最终只能像墙上芦苇一样，“头重脚轻根底浅”，抑或是像山间竹笋，“嘴尖皮厚腹中空”。

我国古代能屈能伸的人比比皆是，如卧薪尝胆的勾践、能忍受胯下之辱的韩信、装疯卖傻以保全性命的孙膑等，而北宋的大文学家司马光也是其中一位。

据说，司马光小的时候，和小朋友们一起读书，发现自己的记忆力比别人差。为了克服这个弱点，每当老师讲完课，别的小朋友都去玩耍时，他总是一个人安静地躲起来温习老师所讲的内容。为了加深记忆，他一遍遍地背诵，直到能够流畅地背下来才肯休息。他住的地方十分简陋，只有一张简单的木板床、一床破被子，还有一个特制的圆木枕头。而这个圆木枕头就是司马光用来警醒自己的工具，每当他读书读到太困想要睡觉的时候，一躺到床上，硬邦邦的圆木枕头就会滚来滚去，把他惊醒，他就会接着爬起来读书，所以这个圆木枕头被司马光命名为“警枕”。就这样，司马光始终保持着谦恭的心态，刻苦学习，在艰苦的环境中坚持自己的志向，终于成了受人敬仰的政治家和文学家。

很多时候，“枉”是聪明之人故作的糊涂姿态，是高尚之人表现出的谦逊品德，是以退为进的制敌谋略，是以柔克刚的取胜气概。正如南怀瑾所说：“要学会做一个君子，便要谨慎小心，致力于学问修养，一天一天慢慢地琢磨成器，如同木工做车轮子一样，慢慢地雕凿，平常看不出效果，等到东西做成功了，效果就出来了，到这时候才看出成绩。”

宠辱面前，谁能不动心

当一个人在成名、成功的时候，如非平素具有淡泊名利的真修养，一旦得意，便会欣喜若狂、喜极而泣，自然会有惊震心态，甚至有所谓得意忘形者。

——南怀瑾

“宠辱不惊，看庭前花开花落；去留无意，望天上云卷云舒。”这句话出自陈继儒的格言警句类小品文《小窗幽记》，用来提醒人们对待事物和名利应有“得之不喜，失之不忧”的态度，被很多追求静思反省、不为私心杂念所左右的文雅人士奉为人生格言，以期在喧嚣绚烂的红尘中保持超然淡泊的心态。

只是，这种超脱凡俗的人生境界说起来容易，时刻保持却十分困难。南怀瑾在《老子他说》中讲的那个关于老童生考中秀才的笑话就是个很好的说明。说是一个老童生屡考不中，中年之后与儿子一同考试。儿子中榜后回家报喜，父亲正在洗澡，于是训斥道：“考取一个秀才，算得了什么，这样沉不住气，大呼小叫。”然而，当儿子告知他也考取了之后，老童生便欣喜若狂，忘了穿裤子就跑出来了。南先生总结说这便是“宠为下，得之若惊，失之若惊”的真实写照。

放眼望去，世界上更多的是伧夫俗人，在复杂的社会关系中，在利令智昏的名利场上，想要摒弃“患得患失”的劣根性，就要屏除内心的私欲。正所谓“壁立千仞，无欲则刚”，一个人若能像高山一样正直挺拔、浩然无私，又怎么会过分看重得失成败，怎么会宠辱皆惊呢？

名利富贵皆是过眼云烟

古往今来，能够将宠辱看淡的人大多有足够的道德修养，能够主宰自己的内心，不为欲望所左右。古人云：“道德充于内，则外物不能移，故宠辱之来，心未尝动，如内不自得，外感于物，情存乎宠辱，则得失皆若惊。”可以说，宠辱是世事盛衰的常情，“若惊”是世人面对得失的心态，我们不能改变宠辱，却能通过修炼内心而改变对待得失的态度。

道家的另一位重要代表人物庄子就是一位能够看淡名利富贵的圣人。庄子知识渊博，擅长深入浅出地向人们讲道理，所以当时的许多国家都想让庄子去做官。这时候，高官厚禄对于庄子来说是轻而易举就能得到的东西，然而庄子却从不为所动。有一天，庄子正在临湖垂钓，楚威王派使者带着厚礼去聘请他，想让他出任相国一职。庄子持竿轻笑，对楚国的使者说：“我听说楚国有只神龟，被杀死时已经三千岁了。楚王珍藏之以竹箱，覆之以锦缎，供奉在庙堂之上。请问二位大夫，此龟是宁愿死后留骨而贵，还是宁愿生时在泥水中摇尾而行呢？”二位使者相视一望，不明所以地道：“自然是愿活着在泥水中摇尾而行。”庄子淡然地说：“二位使者请回去吧！我也愿在泥水中摇尾而行。”

庄子之所以这么淡然洒脱，就是因为他看透了世间的名利富贵，认为与其在庙堂之上胆战心惊，不如守着自己内心的净土，在平平淡淡的生活中超然自在。

置之度外，以身为天下

老子在《道德经》中说：“故贵以身为天下，若可寄天下；爱以身为天下，若可托天下。”意思是说，像重视自身一样重视天下的人，可把天下重任托付给他；像爱护自己一样爱护天下的人，可将天下重任交付给他。所以，想要宠辱皆忘，除了要将自身置之荣辱名利之外，还要心怀大局，情系天下苍生。

北宋著名的政治家范仲淹的名言“先天下之忧而忧，后天下之乐而乐”很多人都听说过，这也是他一生心系百姓、为国尽忠的真实写照。相传，范仲淹幼年丧父，家境贫寒，但是他从不为此感到苦恼，相反，他刻苦读书，从小立志拯救天下苍生。他在任期间，无论是兴化县令、秘阁校理、陈州通判、苏州知州，还是后来的官拜宰相，都把国家及百姓的安危放在自身利益的前面，殚精竭虑，鞠躬尽瘁，秉公直言，就算因此得罪了权贵遭到贬官也在所不惜。

此外，在文学教育方面，范仲淹言传身教，一生孜孜不倦于传道授业，为国家选拔和推荐人才，以至于晚年重病缠身，无暇自顾。更令人敬佩的是，他在临终《遗表》上仍念念不忘江山社稷和天下百姓，竟没有提及一句自己的私事。

范仲淹一生都在积极践行自己“天下为公”的高境界追求，为此将个人的宠辱抛到了一边，更没有工夫计较自身的得失，所以他的那句名言成了后代人学习的范本，他本人也成了宠辱面前不动心的典型代表。

因此，无怪乎南先生要说，“有关人生的得意与失意、荣宠与羞辱之间的感受，古今中外，在官场，在商场，在情场，都如剧场一样，是看得最明显的地方”，是“宠辱不惊”还是“宠辱皆惊”，全看受“宠辱”的人是否有足够的修养将“宠辱”置之度外。

持而盈之，不争故无忧

寡欲、知足，就此安于现实，便是最好的解脱自在。

——南怀瑾

在南怀瑾看来，老子所提倡的“持而盈之”也好，“不争故无忧”也好，都是遵循天道、自然的法则，都可以引用到为人处世的哲学艺术上来。

就像南先生在《老子他说》中说的，老子不过是想告诫世人，“若能保持已有的成就，便是最现实、最大的幸福。如果更有非分的欲望和希求，不安于现实，要在原已持有的成就上要求扩展，在满足中还要追求进一步的盈裕，最后终归得不偿失”。

凡事留些余地

古代圣贤在为人处世上讲究一个“度”，也就是凡事要留余地，比如我们熟知的“盛极而衰，盈满则亏”“物壮则老”“过犹不及”等，虽然它们表述的方式不同，表达的却是同样的观点——有时候“强大”也意味着正在走向衰落，尤其是当自己也认为足够强大时。

李嘉诚的经营理念中有两个非常重要的字，即“知止”。他说过：“经营企业，‘知止’两个字最为重要。我从 12 岁起就开始投入社会，到 22 岁开始创业，期间已经度过了 10 年非常艰苦的日子。在香港，我见过很多人一朝一夕就发家致富，但我看得更多的例子是很多人成功很容易，但掉下去也很快。究其原因，不过是因为他们并不懂得‘知止’二字。全世界那么多企业失败，鲜少有饿死的，多数是撑死的，这是因为他们无法克服人性中的贪婪。”

所以，老子倡导的“持而盈之”重点在于心——心不能满。比如说，你追求的成功是只达到并维持 99℃的水温，离 100℃的沸腾永远有一些差距。保持这种心境至关重要，因为心一旦满了，就如同水达到了100℃，沸腾之后只会化为蒸汽，亏缺也随之而来。

要想避免盛极而衰的悲剧，就应该把握好“度”。就像南先生说的，“一个人在已有的富贵环境中，却不知富与贵的本身，这就是招致后祸的因素。如果持富而骄，因贵而做，那就是自己和自己过不去，将招来恶果，后患无穷”。所以，人生在世，无论已经处在何种高度，请及时清空一下自己的心。

不争而争，天下莫能与之争

“夫唯不争，故天下莫能与之争。”这句话其实对人的修养提出了很高的要求。正如南怀瑾先生所说：“人往往有自己的私心，牵涉个人利益时，又有几个人能甘愿放弃呢？然而，正是这种以守为攻、以退为进，才是一种大智慧。”诚如先生所言，人谦虚方能纳物，纳物才能吸收各方之精华并为己所用。

下面讲一个不争而争的小故事。康熙皇帝的四子胤禛一度苦恼于自己处于和皇太子及八阿哥之间权力斗争的旋涡当中。当时他的一位谋士告诉他：“争，就是不争；不争，就是争。”胤禛顿悟。

当时的政局非常混乱。皇太子原本是钦定的皇位继承人，但他自身不够努力，而且时常做出一些违禁之事，所以并不得康熙皇帝欢心。八阿哥广结党羽，收买人心，羽翼越来越丰满，成为了有实力问鼎皇位继承人宝座的人。可以说这两方都各有各的长处，但谋士告诉胤禛，只要踏踏实实地做好自己的差事，对皇上和黎民百姓负责就足矣。

最后，正是这位从谏如流的四子胤禛，世人眼中没有任何资本成为皇位继承人的人爆了个大冷门，被康熙皇帝钦定为未来的国君。这其中的奥秘就在于，胤禛老老实实地按照谋士的吩咐，在皇太子与八阿哥斗得不可开交的时候，坚守了自己的本分。在这场“不争而争”的战斗中，胤禛多次深入民间，体察百姓疾苦，并切实可行地为康熙皇帝出谋划策，让康熙皇帝认识到这个平日里并不起眼的四儿子除了有一颗为人君王的悲悯之心外，还有着敏锐的洞察力和果敢的判断力，是做帝王的不二人选。所以，胤禛的“不争”实为“大争”。

一般而言，“争”是需要对手的，在这场皇位继承人之争中，皇太子与八阿哥就将彼此作为对手，展开了一场争夺之战，最终两败俱伤。而“不争”并不代表着无所作为，而是坚守自己的本分，踏踏实实地做好自己分内的事情。古人云:“善胜敌者，不争。”所谓不争，是和自己争，不断提升自己，才能更好地去和别人争。

操守也，濯足浊流人自清

一杯混浊的水，放着不动，这样长久平静下来，混浊的泥渣自然沉淀，终至转浊为清，成为一杯清水。

——南怀瑾

世人趋利避害，往往将失败的责任推卸给外界环境，怪自己生活在“浊流”中，正如南怀瑾在《老子他说》中说的：“生长在世局纷乱、动荡不安的时代里，我们静的修养怎样能够做到呢？这相当困难，尤其现代人，身处20世纪末叶、21世纪即将来临的时代。人类内在思想的紊乱和外在环境的乱七八糟，形成正比例的相互影响，早已不是‘浊世’一词便能交待了事了。什么‘交通污染’‘噪音污染’‘工业污染’‘环境污染’等等后患无穷的公害，又有谁能受得了？”

然而，南先生的本意并非说生活在“浊流”中的人便要束手待毙，他不过是想告诫世人，在混浊动乱的状态下平静下来，慢慢沉稳，使之臻于纯粹清明，同样能达到身心清净的境界。像那不愿“摧眉折腰事权贵”的李白，不肯“为五斗米折腰”的陶渊明，以及“出淤泥而不染”的周敦颐，都是能在“浊流”中和光同尘，与周围和谐相处，既不趋炎附势，又不随波逐流的典范。

浊者自浊，清者自清

误解是对君子气度、修养的直接考验。被误解时，是急于辩解，在劳心焦思中迷失心性；还是泰然自若，在沉着冷静中运筹帷幄？相信真正超然非凡的人心中自有答案，因为他们懂得“浊者自浊，清者自清”的道理，会在别人不理解自己时依旧安守本心，能够深藏不露，静待对自己有利的时机。

陆逊是三国时期吴国的丞相，因夷陵之战大败蜀军而闻名天下。然而，之前的陆逊还只是一个不见经传的书生，既没有让人信服的战绩，也没有让人震惊的本领，当蜀国大军来袭，找不到更好督导人选的孙权把统军重任交给陆逊时，东吴诸将领心里十分不服。

陆逊上任后，并不理会将士们心中的疑虑，而是仔细观察敌我双方情形，认真分析形势并制定退敌战略。他向将士们指出刘备兵势强大，居高守险，且蜀军复仇心切，锐气正盛，与之硬战于吴军不利的军情，并提出最好的办法是避开蜀军锋芒，待蜀军兵锋衰退且骄傲轻敌之际，再与之决战。可是，那些将士们哪里听得进陆逊的建议，都认为陆逊并无真正的才能，一直退避三舍只是想拖延时间。就连敌方阵营的刘备都以纸上谈兵的赵括来比喻节节退守的陆逊，说其只会夸夸其谈。然而，陆逊面对四周的误解和非议，并没有立即开战以消除众人之疑，而是更加沉着冷静，一边利用强硬的态度压制住情绪失控的将士，一边利用南方气候闷热的特点，一步步把蜀军引入自己事先设计好的圈套，最终巧用火攻，大获全胜。

仅从指挥艺术上来说，陆逊作为初出茅庐的将领，能够不畏强敌，知己知彼，以智取胜，已经很了不得了。而且，在纷乱的状态下，当大多数人都不信任自己的时候，陆逊不为周边的“浊流”所影响，仍能沉稳应对，审时度势，捕捉战机，更是难能可贵，算得上是“濯足浊流人自清”的伟大将领。

君子修道立德，不为穷困而改节

真正品德高尚的君子，绝不会因家境贫富而改变自己高尚的操守，他们既能做到积极入世，达则兼济天下，立下不世之功，又能做到超然出世，穷则独善其身。

王杰是清朝的状元，是我国历史上有名的老成持重、洁身自好的忠臣。尽管家境贫寒，但他在朝 40 余年，从不贪赃枉法，也不结党营私、趋炎附势，而且敢于直言，是在和珅一手遮天的政治集团中难得的公正廉洁之士。

乾隆、嘉庆年间，和珅亲信众多，党羽遍及朝野内外，很多人都不敢得罪和珅。然而，王杰却不怕他，并多次在朝中与和珅争得面红耳赤，表现出了刚正不阿的品格。

有一次，和珅为了拉拢王杰，在议政结束后拉着王杰的手，半开玩笑地说：“状元宰相的手相果然好。”若是别人，收到和珅求好的信号，巴不得立即攀附起来。然而，王杰却一语双关地讽刺和珅道：“这手的手相再好，也只会做状元宰相，又不会要钱，有什么好的？”被羞辱的和珅面红耳赤，无言以对。

和珅经常受到王杰的奚落，所以一直寻找机会要报复他。终于，有一天和珅听说了王杰在家乡盖有“三王府”“四王府”的消息，喜出望外，顾不得弄清怎么回事就立即上告朝廷，说：“王杰徇私舞弊，贪赃枉法，大奸似忠，欺君傲下，结党营私，罪当斩杀！”

乾隆秘密派人去王杰老家查看，那人来到王家却惊呆了，谁能想到当朝宰相的老家竟家徒四壁、一贫如洗。那人问起“三王府”“四王府”的事，才知道这只是当地人以姓氏为排行而开的一个玩笑。待那人回京密奏皇帝后，乾隆虽然大笑不止，却也为王杰的清廉所感动，于是下令召见王杰，并赏银三千两让其回家修宅子。王杰不知道发生了什么事，婉言谢绝了皇帝的好意。

事实上，王杰与和珅的经历就足以证明什么才是“濯足浊流人自清”的操守，同样是年幼丧父，同样是家境贫寒，同样是为官初期清廉公正，同样是位极人臣，和珅在尝到了“有钱”的甜头后逐渐迷失了自己，在别人的攀附奉承、贿赂巴结中，私欲膨胀，最终在“浊流”中沉沦。而王杰则始终保持着自己的操守，不为金钱权力所左右，无论外部环境如何混乱，无论诱惑多么大，他始终纤尘不染，两袖清风，是真正“濯足浊流”的清者。

为善无近名，为恶无近刑

阴是暗，偷偷做好事，别人不知道，这才是阴功，真正的阴功才是真正的积德。

——南怀瑾

关于善恶，南怀瑾比较认同庄子在《庄子·养生主》中说的两句话，即“为善无近名，为恶无近刑”。大意是说，我们不能为了获得好名声或者获得报答而行善，同样也不能因惩罚不会立即到来而作恶。在此，南先生特意纠正了世人对“为恶无近刑”这句话的错误理解，他认为这句话不能直观地理解为“无心之过可以原谅”，那就成了鼓励人们去做坏事，而应该理解为“无论大事小事都要谨慎，不能产生过错”。所以，在他看来，庄子的这两句话运用到为人处世的艺术上，就是教人时刻保持“至善”的意思。

所谓“至善”，就是最“崇高”的善，是在善心的指示下做出的善行，是一种无心的行为举动，而其他任何有目的的善行都不是真正的善。就像南怀瑾在《庄子·南华》中说的那样，“为了做好人而做好事，为了让人家去表扬，为了让人家叫我们好人，看到我们做了善事，那就不算善事了”。

真善源自灵魂

在我国，家喻户晓的传统启蒙教材《三字经》开头第一句就是，“人之初，性本善”。说的是，人在出生的时候，禀性都是纯洁善良的，天性也都相差不多，只是后天所处的环境不同和所受的教育不同，才产生了巨大的差别——有的更加善于为别人着想，将那份善融入了灵魂深处；而有的则丢弃了那颗宝贵的赤子之心，同时也将纯真无邪抛到脑后，从此在邪恶的道路上越走越远，抑或是披着善的外衣做损人利己的恶事。所以，无论是企业选拔人才还是私下交友处世，我们都要擦亮眼睛，辨别出一个人的善是不是真善。

战国末期，楚国著名的爱国诗人、政治家屈原就是一位善良的人。屈原从小就有着悲天悯人的情怀，每当有人需要帮助时，他总是不求回报地伸出援助之手。有几年，楚国正逢饥荒，屈原家乡的百姓流离失所，缺衣少食，很多人靠啃树皮、挖草根来充饥，屈原看在眼里，心中十分难过。

他回到家苦思冥想，终于想到了一个办法。等到半夜，他偷偷地从家里的粮仓中往外背米，倒入门前的大石头缝中，百姓们见石头缝中流出了雪白的大米，也顾不得探清这米是从哪里来的，纷纷拿瓢和布袋接米，将米背回家。过了一段时间，屈原的父亲终于发现家里的大米越来越少，很是奇怪，便在晚上留了个心眼儿，将正在“偷米”的屈原逮个正着。父亲叫住屈原问清楚了缘由，才知道家门口石头缝中的米是屈原灌进去的，他并没有责备屈原，而是对他说：“咱家的米虽然能救活一部分人，却不能救活所有人，如果你长大后做官，把楚国管理好，天下的穷人不就都有饭吃了吗？”

听了父亲的话，屈原开始勤奋治学，最终入朝为官，又凭借自己的才能担负起了管理国家大事的责任。

屈原一生爱民如子，为国为民呕心沥血，从来不考虑自己的名利和得失，真正做到了为“善无近名”。然而，当时的百姓和后代的人都不会忘记他。正如佛教禅语所说，“爱出者爱返，福往者福来”，屈原做了那个施人以爱、赐人以福的人，即便他不祈求得到回报，人们也会爱戴和尊敬他。

树曲木者，恶得直景

我国有句俗语，“善有善报，恶有恶报，不是不报，时候未到”。这句话很好理解，人生在世，无论是积恶还是积善，都会产生相应的结果，尽管这结果不能立即看到，那也只是时间的问题，早晚都会到来。所以，古人云：“树曲木者，恶得直景。”这句话意在告诫我们，一直积恶，怎么可能得到好的结果呢？

严嵩是明朝著名的权臣，也是史上最令人痛恨的奸臣之一。他少年得志，9 岁入县学，10 岁过县试，19 岁中举，25 岁时就高中进士。后来，他以同乡的名义高攀深受世宗宠信的权臣夏言，从此平步青云。本来，天资聪慧、位高权重的严嵩可以名垂千古。然而，严嵩却凭借着自身的高位重权在朝廷内谄媚逢迎皇帝、迫害忠臣、铲除异己、插手皇权、败坏朝纲，还利用职务之便提拔自己的儿子严世蕃掌权，父子二人在朝中为非作歹，引起天下人的愤怒。

直到嘉靖四十一年，忍无可忍的世宗假借山东道士蓝道行之口指控严嵩父子为奸臣，将严世蕃斩首示众，没收严嵩家产，削去他的官职，将他赶回了老家。最终，走投无路的严嵩因病去世，死后的严嵩只能寄居于坟地上供祭扫用的破房子，既没有棺木下葬，也没有人前去吊唁，还要忍受后世人不断的唾骂。

严嵩不走正道，恶贯满盈，曾经叱咤一时，最终却逃不过成为孤家寡人的宿命，带着无尽的遗憾和不甘去了另一个世界。相信他怎么都不会想到，“奸臣”的骂名将伴随他生生世世，而他的名字也成了“奸臣”的代名词，这一切都是他“树曲木”得到的报应。

内直外曲，成而上比

外面圆融一点，和人家接触和蔼一点，里头还是修我的道。

——南怀瑾

在南怀瑾先生看来，道家所说的“内直外曲”的处世原则和儒家所讲的“外圆内方”是一个意思，都是教人在生活中要以一种圆融、宽厚、与人为善的态度与人交往，但是内心要刚直不阿，有自己所坚守的原则。精通“内直外曲”处世之道的人，就是能把做人的原则性与灵活性很好地结合起来的人，这种人既不会因愤世嫉俗、自命不凡而处处碰壁，又不会因太过软弱、缺乏魄力而受人鄙夷。

智慧的人懂得见机而动，当时代的潮流不可逆袭时，“内直外曲”的人能放下固执，顺潮流而上，低调隐忍，保全自身力量，以待东山再起。内在的原则会让他们坚守自己的底线，外在的圆融会让他们免受世俗的伤害，所以外圆内方是千百年来先贤们总结出来的大智慧，值得我们奉为为人处世的圭臬。

圆融通达是让人终生受益的智慧

“取象于钱，外圆内方”是我国著名的教育家黄炎培送给儿子的座右铭。黄炎培先生告诫儿子要“外圆内方”，绝不是要让儿子学得圆滑、狡黠，而是希望儿子成为做事有原则，但待人处世有回旋余地的人。方中有圆，圆中带方，才能灵活应变，在为人处世上游刃有余。

《颜回输冠》讲的就是一个教育意义深远的“内直外曲”的故事。

颜回是孔子最得意的弟子之一，他学习好，品行也好，深得孔子喜欢。有一天，颜回在一个布店门口看到两个人正在争执，其中吵嚷声音最大的那位是买布的，他说：“三八就是二十三，你为啥要我二十四个钱？”颜回听了，觉得此人错得离谱，立即上前施礼纠正道：“这位大哥，三八是二十四，怎么会是二十三呢？是你算错了。”谁知买布的人却出言不逊：“谁请你出来评理的？你算老几？要评理只有找孔夫子，多少只有他说了算。如果孔夫子评论我错了，我就把项上人头输给你，但是如果你错了呢？”颜回说：“我把我头上的冠输给你。”

二人一起找到孔子说明此事，孔子笑着对颜回说：“三八就是二十三哪！你输啦，把冠取下来给人家吧！”颜回十分不解，却又不敢跟老师顶嘴，无奈之下，只得把头上的冠摘下来送给了买布的人。

此刻，颜回的内心充满了怒气，他认为孔子已经年老昏聩，连三八二十四这么简单的账目都不会算，不能再跟着他学习了。于是，他借口家中有事，告假回家了。对于这一切，孔子心如明镜，却没有挑破，而是点头应允了，并在颜回临行前给了他两句嘱托：“千年古树莫存身，杀人不明勿动手。”

回家的路上，突然下起了大雨，颜回正要钻到路边的大树下避雨，忽然想起老师的那句“千年古树莫存身”，于是赶紧离开了大树。他刚离开不久，一个响雷刚好劈中大树，颜回大吃一惊，心想：老师的第一句话应验了，莫非我今天晚上还会杀人？

深夜，颜回终于回到了家。为了不惊动妻子，他悄悄打开门，点上蜡烛，忽然发现床上睡着两个人，他怒从心起，以为妻子做了对不起自己的事，正欲拔剑怒刺，又想起了老师的第二句话，这才止住了杀人的念头，走近一看，原来床上睡的是妻子和自己的妹妹。

经过这两件事，颜回又开始敬佩起老师来，第二天他立即返回，向孔子道歉，并问明老师为何能提前预知还没有发生的事。孔子说："没什么，只是观昨日气象，估计会有雷雨，因而提醒你'千年古树莫存身'。你是负气走的，身上还带着佩剑，因而才告诫你'杀人不明勿动手'。至于输冠的事，你想想，昨天我评你输了，不过输顶冠；我若说你是对的，他输的可是一条人命啊！你说冠重要还是人命重要呢？"

颜回听了，恍然大悟，这才明白老师是重大义而轻小是非，对老师敬佩至极，立志以后老师去哪里，他都不会再离开。

作为世人敬佩的大思想家、大教育家，孔子当然不可能连三八二十四这么简单的道理都不懂。只是，在是非对错面前，他看重的是怎么样才能使这场闹剧的伤害降到最低，所以虽然他内心无比坚定地固守着三八二十四这个原则，但是为了维护一个人的性命而最终做出妥协退让，这不正是"内直外曲"的典范吗？

识时务者为俊杰

南怀瑾先生说，"怎么叫'外曲'呢？自己有高度的修养，可是只好外面将就一点，'外曲'也就是'与人之为徒'，和一般人一样"，类似于我们常说的俗语"上了哪个坡，就要唱哪个歌"，在固守自身原则的同时，学会适应周边环境，不要太锋芒毕露。

历史上很多聪明的人都懂得"识时务者为俊杰"的道理，擅长方圆之术。像三国时期的刘备就是其中一位。就拿“青梅煮酒论英雄”这段故事来说吧。

当时没落的刘备无奈之下投靠了曹操，住在许都，和天子擅自接触之后，为了防止曹操的猜忌与谋害，就像胸无大志的农夫一样在住的院子里种菜浇灌，以此迷惑曹操，使其放松对自己的警惕。一日，曹操约刘备饮酒，谈笑间点评起了当世英雄，刘备点了袁术、袁绍、刘表等很多当时很有实力的诸侯，都被曹操一一否定。曹操说：“真的英雄应该胸怀大志、腹有良谋，有包藏宇宙之机、吞吐天地之志。这样的人，唯独使君与我两个人才能称得上。”刘备本想以韬光养晦的方式栖身，以备来日再与曹操相抗，见曹操如此评价自己，吓得连匙箸都掉在了地上。曹操问刘备为何如此惊吓？恰好当时天上打了一个响雷，刘备便一边拾起匙箸一边说：“一震之威，乃至于此。”曹操说：“雷乃天地阴阳击搏之声，何为惊怕？”刘备说：“我从小害怕雷声，一听见雷声就只恨无处躲藏。”曹操心下大喜，认为刘备身为七尺男儿，连一个雷都害怕，实在难成大事，于是就不再把他放在心上了。

刘备之所以能消除曹操的戒备之心，就在于他识时务。他明知道自己现在远不是曹操的对手，因此不能与之为敌，更不能让自己陷入曹操的猜忌之中而遭受迫害，所以才以平庸无为、狼狈不堪的外象展示给曹操看。其实，他胸怀天下，立志匡扶汉室，是个志向远大的英雄。然而，就是这个“内直外曲”之术，让曹操免去了怀疑和猜忌，刘备如愿以偿地从许都逃脱。

名与身孰亲，得与亡孰病

人生的历程就是这样，要在恰到好处时知止。

——南怀瑾

对于名利和生命的权衡，南怀瑾先生在《老子他说》中以两句诗做了很好的概括——“名利本为浮世重，世间能有几人抛”。他还说：“天下固然重，权位固然重，如果没有生命的话，权位有什么用？天下有什么用？”然而，尽管世人皆知生命比名利更重要的道理，却依然有很多人为了追逐财富和虚名，忙碌一生，甚至付出健康和生命的代价。

正所谓“欲望不止，痛苦不休”，南先生对于老子“名与身孰亲，得与亡孰病”的解说，不过是想告诫世人：“人生要懂得知止，懂得取舍，懂得在适当的时候刹车止步，不能被虚名财富所累，也不能被荣辱得失所蒙骗，如此才不会有危险，才可以长久。”

适时放手是一种智慧

“放手”不是胆怯和畏缩，而是一种智慧，是洞悉全局后的明智选择，不仅需要勇气和胆识，更需要远见。懂得“放手”的人，才能从眼前的诱惑中抽身止步，将精力和时间放到更有意义的事情上，从而收获更加有意义的东西。

唐代大诗人李白虽然贵为“诗仙”，却也有“有心无力”的时候，幸而他懂得“适时放弃”的道理，才成就了一段“崔颢题诗李白搁笔”的佳话。

相传李白年轻时喜欢游山玩水，并随着自己游览的足迹留下了很多脍炙人口的诗作。有一天，李白与友人登上黄鹤楼，放眼四周，烟波浩渺，眼界开阔，顿时诗兴大发，提笔就要为黄鹤楼题诗，抬头却看见之前崔颢登上黄鹤楼观景时写下的一首诗：“昔人已乘黄鹤去，此地空余黄鹤楼。黄鹤一去不复返，白云千载空悠悠。晴川历历汉阳树，芳草萋萋鹦鹉洲。日暮乡关何处是，烟波江上使人愁。”李白觉得崔颢已经将黄鹤楼的景色写到了极致，自己再怎么写也不可能超越。于是，李白适时搁笔作罢，无奈道：“一拳捶碎黄鹤楼，一脚踢翻鹦鹉洲。眼前有景道不得，崔颢题诗在上头。”后来，李白将精力用到了描写金陵凤凰台上，他有感而发，率性赋诗，也留下了一篇令人称道并且意义更加深远的律诗。

事实上，从李白的诗句“一忝青云客，三登黄鹤楼”中可以看出，他是很喜欢黄鹤楼的，也很想为黄鹤楼题诗，凭借他的盖世才华，这本不是难事。然而，他看到崔颢的题诗后，稍作权衡便果断搁笔，从中足以看出他的智慧。世界上总有爬不过去的山，也有蹚不过去的河，能够像南怀瑾先生所倡导的那样，总揽全局，及时“刹车”，也是一种智慧。

失去是另一种得到

“是故甚爱必大费，多藏必厚亡。”这句话告诉我们，过分地贪求物质与名利的人，必定要劳心劳力，大费精神，结果反而失去得越多；贪求利禄的人，必定喜爱宝贵的珍品，但是珍品藏得越多，反而使人嫉妒怨恨，结果往往身遭横祸。诚如南先生所言，爱得越多，丢得越多；藏得再多，最后都是为别人所藏。所以，有时候得到了名利物质，反而会失去生命健康；反过来，失去了名利物质，反而会得到生命健康。

春秋末期著名的政治家、大商人范蠡在扶助越王勾践灭吴复国后，选择了激流勇退，辞官归隐。他之所以这样做，并不是因为不爱做官，而是能够根据前人的遭遇预测自己的未来，同时他深知勾践的为人，能共苦不能同甘，知道再留下来只会给自己带来祸患，所以果断地做出决定，远离官场。这一点，在他写给同僚文种的信中就能看出，范蠡说："飞鸟尽，良弓藏；狡兔死，走狗烹。越王为人长颈鸟喙，可与共患难，不可与共乐。子何不去？"遗憾的是，文种并没有听从范蠡的劝告，而是自恃功高，继续留在越国为丞相，最终被勾践赐死。

归隐后的范蠡隐姓埋名做起了生意，他善于选择经商环境，懂得把握有利时机和运用市场规律，坚持薄利多销，诚信经营，不盘剥百姓，堪称儒商的始祖。他在经商方面表现出的天赋使他很快累积了"巨万"家财，成为当时巨富。史书记载，"十九年中三致千金"，外人送号"陶朱公"。这时候，他又做出一个惊人的举动：将家中钱财分散给乡亲及那些有需要的人。此外，逢年过节，他也总是不忘给困难的乡亲送去钱粮米肉，帮其渡过难关。遇到灾年，他也总是毫不犹豫地开仓放粮，救济乡亲，丝毫不吝啬金钱。乡亲们感念范蠡的乐善好施，专门为他修建了庙宇，并编造歌谣为他歌功颂德。

可以说，范蠡虽然因为辞官和散财失去了高位和财富，却换来了更加重要的东西，即生命的安稳、百姓的爱戴及后世的称颂。这时候的失去其实是另一种得到，而得到的东西远比失去的东西更有价值。因此，与南怀瑾先生在《老子他说》中所列举的那些一辈子辛苦，最终留下巨额财产却无福消受的人相比，懂得“放手”和“愿意失去”的人，才是真正拥有大智慧的人。

功成，名遂，身退

如果仔细观察天道，日月经天，昼出夜沉，夜出昼没，寒来暑往，秋去冬来，都是很自然的“功遂、身退”的正常现象。

——南怀瑾

回顾中国数千年的历史可知，但凡对江山社稷有功又能善终的人，大多是能顺应天道的人，他们懂得“人无千日好，花无百日红”的道理，自知登上高处后伴随自己的除了无限好的风光外，还有无限冷的寒意。正所谓“树大招风”，名声越大，钱财越多，就越容易惹人注意，稍不留神就会遭来横祸。所以，在伴随着惶恐的人前显赫与镶嵌着泰然的默默无闻之间，聪明的人总是会毫不犹豫地选择后者，功成身退，明哲保身。

南怀瑾先生说：“植物世界如草木花果，都是默默无言完成了它的生命任务，静悄悄地消逝，了无痕迹。动物世界生生不已，一代交替一代，谁又能不自然地退出生命的行列呢！如果说有，只有人类的心不肯死，不肯甘休，永远想在不可把捉中冀求把捉，在不可能永久占有中妄图占有。妄想违反自然，何其可悲！”可见，面对名利诱惑，很少有人能以云淡风轻的心态泰然拒绝。

满招损，谦受益

功成身退是一种深藏不露的智慧，除了教人在行动上保全自己之外，还教人“满招损，谦受益”的道理。正如南怀瑾先生在解读老子“功遂身退，天之道也”时提到的南朝梁武帝时的名将韦睿，称其得以活到79岁而殁，和平日里不贪名、不争抢功劳、谦虚谨慎脱不开关系。

韦睿出身于名门望族，是汉朝宰相韦贤之后。家境优越的他从小便接受了良好的教育，加之受家族长辈们淡泊名利思想的影响，韦睿年轻时就以廉洁奉公闻名于世。

相传在沙场为将的那些年，韦睿“攻无不克，战无不胜”，立下了汗马功劳，常使敌人闻风丧胆。然而，每次打完仗，别的将领为了争抢功劳，纷纷入朝报捷，只有韦睿跟在后面，不多言语，不愿意争功。世人知道他能征善战却不争强好胜，对他更加尊敬和崇拜。

韦睿深知，生活在乱世，要处处小心，既然不能置家国于不顾地避隐山林，就要懂得“功成身退”的天道，不贪图功名利禄，不与别人争抢功劳，谦恭自处，才能避免猜忌和陷害。

历史上因居功自傲而丢了性命的人很多。所以，功成身退的前提是在退出之前先要保全自己，而谦虚无疑是最好的方法。退一步来说，即便到不了丢掉性命的地步，可自满于已经取得的成绩，就很难再接受新的思想和知识，个人的学识和能力也只会停滞不前；而谦虚则可以不让自己成为众矢之的，时时听取别人的劝谏，改掉自己的毛病，取得更大的进步。

大名之下，难以久居

古语云：“月满则亏，水满则溢。”这句话想要表达的意思是，万物发展是以此消彼长、盛极则衰为规律的。同样，一个人若在盛名之下太久或是在高位上太久，就会走下坡路。所以，南怀瑾先生说："人生最好的境界是'不欲盈'，情爱如此，名利如此，权势也如此。如果什么事情都圆满了，也就没有什么味道了，留一点遗憾，才会有美感。"

曾国藩是晚清著名的政治家，同时也是一位学识渊博的文学家，他将儒道两家的"功成身退"哲学运用到官场上，才得以在动荡混乱的政局中明哲保身。

咸丰三年，曾国藩利用在湖南老家的人脉优势，借着清政府急于寻求力量镇压太平军的机会，一手创建了他的嫡系部队——湘军。从湘军的创建形式可以看出，它有别于清政府的八旗兵和绿营兵，因为八旗兵和绿营兵属于政府编练的，每遇战事，可以自由调遣和夺回军权，而湘军则是自行选募来的。而且，湘军中重要的职位都是由曾国藩的亲友、门生、同学等担任的，他们又都服从于曾国藩，可以说，湘军是曾国藩自己的部队。这样的一支军队，对清政府来说，是战时的帮手、战后的威胁。

可清政府在无兵可用的时候，不得不重用湘军，于是指派曾国藩带领湘军镇压太平军，并让曾国藩统领江苏、安徽、江西、浙江四省军务。至此，曾国藩的权力达到了顶峰。湘军在曾国藩的英勇指挥下，平定了太平天国之乱，在国人心中的地位无可撼动。此时，曾国藩心中明白，过满必溢，如果不主动削减自己的军权和官职，必然逃不过身败名裂的下场。于是，他上书清政府，说湘军骄胜之气渐长，已无战斗力，请求裁撤。清政府正愁没有借口收缴曾国藩的兵权，见他如此识趣，便爽快地答应了他的请求。除了交出兵权之外，曾国藩还一步步地把自己的其他权力交了出去，这让那些本欲拿"功高震主"弹劾他的人无从下手。

曾国藩在位高权重的时候毫无留恋地舍弃富贵和权力，让自己一直保持在“不欲盈”的状态，既稳定了清朝统治，又保全了自己，所以才能功名皆无损，安享晚年。这正符合道家所推崇的“功成身退”之天道，曾国藩本人也成了古今中外的文人们争相效仿的榜样。

大智若愚，智者的生存之道

世界上最高的东西，是很难讲清楚的；最世俗的东西，反而是大家最喜欢的。

——南怀瑾

南怀瑾先生在《老子他说》中以一段形象的比喻向世人展示了“得道”和“未得道”的差别，他说：“你只要看钞票，就懂得世间的道了。世界上哪一种钞票最走运，那种钞票就又脏又臭，虽然快要破了，还是一天到晚走运得很。用这样的钞票买菜，菜贩收到以后，又赶快把它用出去，因为它又脏又臭。如果是一张新的钞票，就包好存放，舍不得用出去。所以，一个人要想得志，就赶快学做那一张脏钞票，一身都脏，就像那一张在市场上满天飞的钞票一样。如果把自己搞得太干净了，一定给人家包起来，放在抽屉里不用，最后更销进铁柜里去了。悟到了这个道理的人，便会前途无量了。”

事实确实如此。干净崭新的钞票就像锋芒毕露的人，因为太过耀眼而让人有压力，往往容易被人敬而远之；而又臭又脏的钞票就像是愚笨无知的人，因为人们可以与他轻松愉快地相处，所以更能找到发挥作用的平台。其实，无论是苏轼“大勇若怯，大智若愚”的说法，还是老子“大音希声，大象无形”的说法，都是想告诫世人：才智出众，却不轻易显露出来的人才是真正的智者，才更能掌控一切。

糊涂有时是聪明人成事的面具

那些明明什么都知道，却经常装出一副愚钝表象的人，往往不张扬，为人低调，更能够受到别人的尊重。相反，那些内心糊涂，却表现得很精明能干的人，往往做事高调，爱出风头，处处锋芒毕露，结果除了遭人嫉妒之外，再无别的好处。所以，在现实生活中，以糊涂作为面具的聪明人更能成事。

王翦是战国时期秦国著名的将领，也是一位善于装傻充愣的人。公元前 224 年，秦王召集群臣商量灭楚大计，王翦认为至少需六十万大军才能完成任务，秦王觉得六十万大军太多了，心中不安，就派另一位说只要二十万大军就能灭楚的将军李信前去攻楚了。后来，李信大败，秦王万般无奈之下只得再求助王翦，并承诺给王翦六十万大军。

出征日期临近，秦王亲自到灞上为王翦送行。酒足饭饱后，王翦从怀里掏出一张单子，上面罗列了一长串咸阳的良田、美宅、池塘，当着众人的面对秦王说："大王，臣有事相求，待出征归来，请将这些封赏给臣。"秦王听了先是惊了一下，然后大笑起来，说："将军就要出发了，还怕寡人让你受穷吗？"王翦说："我们当武将的，功劳再大，按规定也封不了侯。现在趁为臣尚能报效大王，顺便向大王求赏，以便儿孙以后有个糊口寄身之地。"秦王心想："看来这位老将军虽然是打仗的行家，但是为人却没有什么大志向啊！"于是就爽快地答应了他的请求。

然而，王翦并没有就此作罢，即便带着六十万大军向楚国进军之后的几天，还经常打发下属回去向秦王请求封赏良田美宅，足足请求了五次。他的副将蒙恬将军实在看不过去了，就嘲笑他："老将军乞讨请求，要这要那，是不是太过分了？”王翦只得悄声对他说道：“蒙将军误会了。大王向来多疑，不专信臣子，这次几乎把全国兵力都交给了我，我一次又一次地求取田宅，是为了让大王知道我想得到的不过是些许小物，好让他不对我产生猜疑之心！”蒙恬这才醒悟，心中对王翦将军的敬佩之情更添一分。

自古君王最怕两种臣子，一是“拥兵自重”者，二是“功高震主”者。秦王生性多疑，王翦又在军中威望甚高，再加上手握秦国六十万大军，秦王当然放心不下。而王翦一次次向秦王索要封赏，不但得到了物质利益，还打消了秦王心中的顾虑，看似糊涂，实则才思过人。

大智若愚是一种人生格局

“脱口秀”名人周立波说：“领导怎么会无知呢？当然大多数无知的都是领导，这就叫大智若愚。”大智若愚的人，善于为自己铺造和谐的生存发展环境，能够顾全大局，以愚保身，用外人看起来木讷的表象保存自己的实力。

鲁肃就是一位善于装糊涂的聪明人，他的处世方法和做人原则直到今天仍被很多人学习借鉴。赤壁之战后，刘备派人向孙权请求借荆州，江东文武大臣都劝孙权不要答应，唯独鲁肃从全局考虑，让孙权借荆州给刘备。他说：“您（孙权）固然神武盖世，但曹操的势力太大了。我们刚刚占有荆州，恩德信义尚未广行于民众。如果把荆州借给刘备，让他去安抚百姓，实是上策。因为这样一来，曹操就多了一个敌人，我们却多了一个朋友。”孙权觉得鲁肃言之有理，就同意了他的主张。

过了一段时间，刘备的势力逐渐强大，鲁肃受命向刘备讨要荆州。然而，第一次刘备以公子刘琦尚在为由推脱了，鲁肃妥协了；第二次讨要荆州时，刘备又以“立足未稳，暂借”为由推脱了，鲁肃再次妥协；第三次讨要荆州时，诸葛亮略施一小计，刘备哭哭啼啼的，又把鲁肃打发了。一次次地空手而归，让孙权很不满意，但看鲁肃的老实相，又不忍苛责。就这样，经鲁肃之手借出去的荆州使鲁肃陷入了主公与盟友相争不下的政治旋涡之中而左右为难。

鲁肃的这些行为看似软弱、无能，但是孙刘联盟却得以延续，他用掩人耳目的愚笨表象赢得了孙刘双方的信任，责无旁贷地充当着孙刘之间的“缓和剂”，使双方抗曹大业不至于中途崩溃。他深知，荆州本来就不是自己的地盘，刘表死的时候也确实表达了想要把荆州赠予刘备的想法，如果强行讨要荆州，就等于不给刘备一个立足之地，弄不好双方会兵戎相见，而且不得民心。更何况，在双方联合抗曹的情况下，江东尚没有足够把握战胜曹操，孙刘联盟一旦破裂，曹操就会趁势夺取天下，江东必亡。所以，鲁肃宁愿担上“错借荆州”及“无能”的罪名，也不愿看到江东灭亡的局面。

由此足以看出，鲁肃的糊涂是他大智若愚人生格局的外在表现。很多史学家认为，鲁肃的眼光要比周瑜远大多了，而从未向孙权推荐过一人的周瑜肯在临死前推举鲁肃，称其“顾全大局，智略足以任事”，也足以看出鲁肃的“愚相”并没有掩盖他的精明能干。

善者不辩，辩者不善

修口德就要先远离高谈阔论，不对他人评头论足；真诚待人，与人为善，遇到磨难时忍辱不辩，才是正人君子之所为。

——南怀瑾

口若利剑、滔滔不绝地辩白虽然能向别人展示自己的口才，却很容易给人留下缺乏修养的印象。老子说："圣人之道，为而不争。"就是告诫世人，真理并不需要争辩，圣人的行为准则是惠济大众，与世无争。

在南怀瑾看来，老子在《道德经》中"善者不辩，辩者不善"的说法与《论语》中的"君子欲讷于言而敏于行"及"君子食无求饱，居无求安，敏于事而慎于言"很相似，都是想告诫大家："人生在世，应该少说多做，不管是人生的修行还是一般的社会活动，做任何事情都应该脚踏实地，不能只说动听的漂亮话而没有实际行动。"

不争，是因为心怀慈悲

有时候，不争辩并不是词穷，而是心怀慈悲，不忍心将对方置于不利境地。同时，主动示和的一方也懂得是非对错并不能靠争辩而识别出来的道理。就像南先生说的那样，"善良而有能力的人不需要去与别人辩论什么，不会只用言论去证明自己是正确的，即使面对诽谤或人身攻击，他也能用行动来证明自己的无辜和清白”。

相传，古时候有个善良的老郎中，精通医术，乐善好施，只要别人有求于他，他总是不图回报地给予帮助。有一次，这位郎中被人请到家里诊病，他走后，病人家发现放在床头的十两银子不见了。病人一家十分着急，仔细分析后觉得郎中嫌疑最大，于是想找老郎中问个清楚。这家人的儿子性子急，肚里藏不住话，没想好对策便气冲冲地跑去质问老郎中了。老郎中知道他的来意后，并未生气，而是把他请到屋里，小声说：“确实是这样的，我想暂时把银子拿回来应急用，本来想明天复诊时悄悄还回去的。今天既然你专门为这件事跑一趟，那我就直接把银子交给你吧，只是请你不要把今天的事说出去。”

病人的儿子拿到钱后并没有为老郎中保守秘密，很快乡里乡亲都知道了这件事，大家议论纷纷：“这么高尚谨慎的人，竟然也会偷人家的银子，真是人心难测。”老郎中听到这些非议，泰然处之，不以为意。

过了几天，病人痊愈，清理房间的时候，在床底下找到了银子，才知道儿子陷害了一位德高望重的老人，于是立即带上儿子前来，当着众人的面向老郎中道歉，并把银子归还了他。老先生依旧淡然地说：“只是一件小事而已，不必放在心上。”病人的儿子问老郎中：“为什么我污言秽语诬赖先生，先生并不辩白，反而甘受污名给我银子呢？”老郎中笑着说：“你父亲向来节俭，你家境也不富裕，他正在病中，听说丢了银子会加重病情的，有可能一病不起。所以，即便我背点污名，能使你父亲心情好起来、病好起来也是值得的。”父子二人听了，感动不已。乡亲们知道了真相，对老郎中更加敬佩了。

在受到误解时，老郎中心中想到的不是替自己开脱，而是想着怎么做更有利于别人的生活和病情，甚至不惜以牺牲自己的名誉为代价。他的这种不争，就是因为心怀善念，他知道，与其抬头辩解，不如低头认错，待事情弄清后，自然会还他清白，事实往往比当时桀骜的辩解更加有说服力。

行动有时是最响亮的语言

很多时候，在行动面前，语言总是显得苍白无力，因为再怎么动听的语言，都抵不过踏踏实实的行动。所以，那些取得成功的人，不会把时间和精力浪费在夸夸其谈上，而是用在勤勤恳恳的埋头做事上。

韩非子在《韩非子·喻老》中讲述过一篇关于楚庄王的故事。楚庄王临朝执政了三年都没有发布过命令，也没有处理过什么政事。臣民们都很不解，不知道楚庄王何故如此。有一天，右司马忍不住了，问楚庄王说："有只鸟栖息在南边的土丘上，三年不动翅膀，不飞翔也不鸣叫，沉默无声，这是什么名堂？"楚庄王听出了他话中之意，说："三年不动翅膀，将因此长成羽毛；不飞翔也不鸣叫，将因此观察民众的行为准则。虽然没有飞翔，飞起来必然会直冲云霄；虽然没有鸣叫，但叫起来必然会惊动人世。先生你放心吧，我知道你的用意了。"此后半年，楚庄王开始亲自处理政务，他废除了十条不合时宜的法令，实施了九件于民有利的措施，处死了五个徇私舞弊的大臣，选拔了六个有才能的贤士，国家因此政治修明、局势安定。后来，他又兴兵征讨并在徐州战胜了齐国，在河雍战胜了晋国，在宋国联合了诸侯，最终称霸天下。

正所谓"为者常成，行者常至"，楚庄王在励精图治的过程中，并没有说过太多冠冕堂皇的话，却以实际行动让国家昌盛，天下归服，这比任何语言都更让人信服。所以，南怀瑾先生说：“那些天天与别人辩论的人并不是真正有能力的人，尽管他们在与别人辩论时处处表现自己的能力，然而真正有能力的人不需要用花言巧语去赢得别人赞许，空谈而没有实际行动的人将一事无成。”

真正的强者，以强示弱而胜

水是天下最弱的东西，没有骨头的，但是，一滴二滴不断地滴下去，滴了万年，最硬的钢铁也被水滴穿了。

——南怀瑾

在南怀瑾先生看来，善于持胜的首要原因就在于“以强为弱”，他举例说：“等于我们社会上有钱人装穷，越有钱的人越装穷。那些假装自己很有钱，衣服又穿得阔气，金手表金戒指都戴上，反正身上戴的都是金子，一定是刚刚发一点财的人。老发财的人，他还深怕人家知道他有钱，衣服也穿破的，不过有一个道理，因为大家知道他有钱。”事实就是如此，只有懂得韬光养晦的人才有厚积薄发的潜力，那些妄自尊大的人整日里都把时间花在耀武扬威上，哪还有时间和精力积累真正的本领？

在这个追求个性张扬的时代，爱逞能摆阔的人越来越多，愿意以弱示人的人越来越少。其实，从长远来看，懂得示弱的人才是真正的强者。因为心中有底气，所以才敢在人前展露自己的不足之处，承认自己的缺点，以弱者的姿态行事，最终赢得他人的认可。

示弱是一种生存智慧

南怀瑾先生说："强大的东西常处于下，而柔软的东西则居上位。"一个真正愿意"示弱"的人，必定是一个充满智慧且心胸宽广的人，其敢于为大局考虑，勇于对他人负责，在赢得别人接纳、赏识、推崇和尊重的同时，在团队中的地位也会越来越稳、越站越高。

司马迁在《史记·廉颇蔺相如列传》中记载了一个善于示弱的故事。战国时期，赵国著名的外交家蔺相如在大挫强秦威风、成功保全了和氏璧后，被封为上大夫，后又因为陪同赵王赴秦王设下的渑池宴维护了赵王的威严而立功，被封为上卿。这件事传出去之后，赵国的老将廉颇十分不服气，他认为自己战无不胜，攻无不克，为赵国立下了汗马功劳，职位却不如一个善于卖弄口舌的文弱书生，实在有失公允。于是，他决定找机会和蔺相如一决高下，并屡次对身边人说："以后让我见了他，必定会羞辱他。"

这句话传到了蔺相如的耳朵里，为了避免与老将廉颇产生冲突，蔺相如开始示弱。他经常称病不上朝，尽量不与廉颇相见，每每不得已遇到廉颇，也都是退避三舍。时间长了，蔺相如的手下开始感到不平，以为蔺相如怕廉颇。然而，蔺相如却说："夫以秦王之威，而相如廷叱之，辱其群臣。相如虽驽，独畏廉将军哉？顾吾念之，强秦之所以不敢加兵于赵者，徒以吾两人在也。今两虎共斗，其势不俱生。吾所以为此者，以先国家之急而后私仇也。"

廉颇知道了蔺相如的真实想法后，十分羞愧，脱去上衣，背着荆条，来到蔺相如的门前请罪，说："我是个粗野卑贱的人，想不到您是如此宽厚啊！"二人终于和好，一同为国家效力，而"负荆请罪"的故事也成了千古佳话。

蔺相如通过示弱来避免内斗，更避免了将相失和及两败俱伤情况的发生，实乃顾全大局、胸怀宽大的明智之举。因而，他的示弱反而让他成了让廉颇及国人敬佩的强者。所以说，有时候示弱是一种灵性的觉醒，是一种生存智慧。

有时候，逞强会暴露无知

在与人交往的过程中，示弱并不代表妥协和退让，逞强也不代表胜利和进取。聪明人将拳头缩回来，可能是为了更有力量地挥出去，事情最终的结果才最有说服力。所以，有一种胜利叫示弱，有一种失败叫逞强。

下面讲一个小寓言故事来加深我们对逞强的理解：从前，一个池塘里住着一只小青蛙，它有着绿色的脊背和白色的肚皮，叫起来，“呱、呱、呱”，煞是好听。有一天，青蛙吃饱了虫子正在荷叶上休息，不远处飞来了一只小蜻蜓，小蜻蜓停在青蛙所在的荷叶上，感叹说：“哇，青蛙哥哥，你好高大威猛啊！”青蛙听了很得意，“呱、呱、呱”地叫着向人们炫耀它的体积。又过了一会儿，荷叶下面钻出一条小金鱼，它还没有长大，看到比妈妈还大的青蛙也忍不住称赞道：“这只青蛙真大啊！”青蛙听了更加得意了，心想，整个池塘里，我才是最大的动物。

就在这时候，一头水牛从远处来到池塘边喝水，小蜻蜓和小金鱼见到这个庞然大物，惊叹道：“天哪，好大的水牛！”青蛙听了很不服气，说道：“不就是一头水牛吗？我今天倒要和它比比谁的个头更大。”于是，青蛙就跳到了水牛旁边，开始鼓气，一边鼓气一边问旁边的蜻蜓：“现在，我和水牛谁更大？”蜻蜓实话实说道：“水牛更大，你和它比差远了！”青蛙还是不服气，又鼓了一阵气，把肚皮撑得老大，问金鱼：“那么，现在我比水牛大了吧？”金鱼没好气地说：“虽然你的肚子又鼓又圆，可还是没有水牛大！”青蛙依旧不服气，继续鼓着肚皮，只听得“砰”的一声，青蛙的肚皮被鼓爆了。

青蛙在不明白敌我实力悬殊的情况下盲目争强好胜，并不是真正的强大，而是在暴露自己的无知，最终也只能以悲剧结尾。而我们人类也一样，通过逞强的方式展示自己的伟大，本就是南辕北辙的行为，没有实力的逞能只是黔驴技穷的开端，总有无计可施的那一天。所以说，真正的强者，能以强示弱而获得胜利。

第二章

南怀瑾谈道学中的修身养性：

上善若水，水善利万物而不争

有人说："与其说是别人让你痛苦，不如说是自己的修养不够。"事实确实如此，修身养性的目的就是通过自我反省体察，使身心达到完美的境界，这时候我们就会发现，一个人的身心达到的境界越高，让自己感到痛苦的东西就会越少。现代社会，人与人之间的竞争已经不只局限于工作方面，一个人的修养才是大家关注的首要素质。那么，若想在人际交往中受人欢迎，就要注重修身养性。

知人者知，自知者明

高明的人，先要自知，然后才能知人。

——南怀瑾

古代圣贤在修身养性上讲究“自知”和“知人”，并把“自知”看做比“知人”更高境界的涵养，比如我们常说的“人贵有自知之明”“知人易，自知难”等，一个“贵”字和一个“难”字足以看出自知是一件多么不容易的事。所以，南怀瑾先生说：“了解别人，比较容易做到；明白自己，却不容易做到。了解自己的人，才算是明白人。”

我们都爱盯着别人的缺点不放，却很难看到自己的不足，正如成语“目不见睫”所表达的那样，自己的眼睛能看到百步之外的东西，却看不到自己的睫毛。可见，自知是一个人智慧的体现。自知的人有勇气剖析自己，敢于正视自己的缺点和不足，能够避己所短，扬己所长，给自己一个准确的定位，即便处在一片恭维和赞扬声中，依然能够坚持正确的选择，不迷失自己。

自知是进步的开始

一个人只有认识到自己的长处和短处，才知道应该往哪方面努力，才能获得进步。正所谓“自知无知才求知”，对自己了解得越透彻，为了进步，求知欲才会越强，才越知道自己应该做些什么来提高自己。所以说，自知是进步的开始。

清朝的乾隆皇帝就是一位很有自知之明的人。相传顺天府乡试贡院匾额上的“至公堂”三个字是明朝的奸臣严嵩所书，于是有人就此事上书乾隆皇帝，说：“在这样一个为国家选拔俊才的堂皇之所，竟然悬挂的是大明奸臣的手笔，一来显得我大清无人，二来不利于树立以德治国的典范，希望皇上能下令更换。”乾隆觉得有道理，于是下令能书写的人都写这三个字，写得好的可以选出来代替严嵩的字挂在贡院。

乾隆本身也是一个喜欢舞文弄墨的人，平时除了作诗外，就喜欢练习书法，尤其喜欢师法颜真卿、柳公权、赵子昂、董其昌等人的正统书法风格。勤奋努力加上天资过人，他的书法雄浑、厚重，充满了阳刚的帝王之气，放在今天来看，亦属于上品佳作。于是，有这么难得的机会，乾隆也亲自操笔写了起来。

数日后，乾隆收集了大臣们所书的字，再展出自己所书的字，经过仔细对比，发现竟没有一人的作品能比得上严嵩所书的字，无奈摇了摇头，将所有作品销毁，仍然让严嵩的字悬于贡院。

乾隆身为皇帝，能够亲笔题字已属难得，何况他本人在书法上也颇有造诣，无论是从名声还是影响力上考虑，他的字完全可以取代严嵩的字。然而，他竟然能够放下自己皇帝的身份，以书法为标准，承认自己的字不如严嵩的字，仍然让严嵩的字挂在贡院。可见，他是一个十分清醒的皇帝，也正是这份自知之明，让他成为具有雄才伟略的贤君，把大清朝带向了顶峰。

知人善任，唯才所宜

知人，也是考察一个人修养的重要方面，就是要善于观察总结人的品行才能，尤其是对于处在领导位置上的人来说，了解自己的下属最擅长什么、可以负担什么样的任务，然后再把事情交代给他去做，才能为团队创造价值。因此，南怀瑾先生说：“能做到知人善任，就是一个好的领袖人物了。”

诸葛亮是三国时期杰出的政治家、军事家，几乎是中国传统文化中忠臣与智者的代名词，然而他这样一个神机妙算的伟人，在识人方面也有看“走眼”的时候。马谡是诸葛亮的参军，一直跟随在诸葛亮左右，深受诸葛亮的赏识和器重，诸葛亮遇事犹豫不决时，经常垂询于马谡，马谡每每都能说出合乎诸葛亮心意的答案，长此以往，诸葛亮便认为马谡是个可造之材。

然而，刘备却看出马谡纸上谈兵的特质，在临终之时对诸葛亮说：“马谡言语浮夸，超过实际才能，不可委任大事，您要对他多加考察。”诸葛亮应允了刘备，却并没有听从刘备的劝告，仍旧一味地信任马谡，并在一次北伐时提拔他为先锋，让其把守对蜀魏双方都很重要的战略要地——街亭。马谡骄傲自大，虽然熟读兵书却不会活学活用，加上好大喜功，立功心切，不顾诸葛亮先前的叮嘱及先锋王平的多次劝谏，固执己见地将部队驻扎在没有水源的南山上。最终，魏军切断取水道路断了水源，马谡的军队不攻自乱，被魏军围歼。马谡的战略失误，直接导致街亭失手，北伐失利。

此次北伐失败，虽然可以把直接原因归结到马谡身上，但是诸葛亮破格提拔马谡，识人不明也是导致北伐失败的间接原因，以至于后来诸葛亮在总结失利的教训时痛心地说：“用马谡错矣。”所以，人生在世，无论是在工作中还是在生活中，都要明白知人的重要性，就像古人说的那样：“宁可不识字，不可不识人。”

轻诺者，必寡信

观察一个人，如果是轻诺者，此人多半寡信。

——南怀瑾

孔子说：“人而无信，不知其可也。大车无輗，小车无軏，其何以行之哉？”意思是说，信誉对人很重要，如果一个人失去了诚信，就不知道他还可以做什么了，就像大车没有车辕前端与车衡相衔接的木销子，小车没有了车辕前端与横木衔接处的销钉，还怎么行走呢？由此可以看出，自古以来，人们就把忠诚守信看做人生在世的立足之本，人与人之间，如果没有了诚信，就很难相处下去。

要想不轻易失信，就要慎重对待承诺。古人云：“一言既出，驷马难追。”答应了别人的事情，无论如何一定要努力做到，否则就会失信于人。对于自己没有把握的事，还是不要轻易许下承诺为好，免得既耽误别人的事，同时又让自己太劳累。就像南怀瑾先生说的那样：“为人之道，不可轻诺而寡信。人生在世，常想做很多事、帮很多人，结果一样都办不成，因为自己没有那么多的精力，没有那么多的时间。”

有诺不守，终将害人害己

人与人之间信任的建立就像用砖块垒墙，需要一块一块地垒砌才能变得结实可靠，而推倒它却很容易，只需要一次不守承诺就可以了。所以，每个人都要重诺言守信用，否则只会给自己的人生埋下隐患。

明代著名的谋士刘伯温在其著作《郁离子》中讲过这样一个因为失信而丧生的故事。济阳有个商人过河时船沉了，他抓住一块木板向岸上求救。这时候，恰巧一个渔夫听到了呼救声，赶忙跑了过去。商人信誓旦旦的冲渔夫喊：“我是济阳最大的富翁，你若能救我，给你一百两金子。”然而，当渔夫真的把商人救上岸的时候，商人却出尔反尔了。他心疼一百两金子太多，不舍得给，于是只拿出十两给渔夫。渔夫当然不同意，责怪他不守承诺。富商却振振有词道：“你一个打鱼的，一生都挣不了几个钱，突然得十两金子还不满足吗？”说完，扬长而去。渔夫也只得悻悻离开。

无巧不成书，没想到有一天这个商人又一次在原地沉船了。他故伎重施，说只要有人愿意救他上岸，他愿意出一百两金子答谢。然而，正要有人去救他时，那个渔夫出现了，渔夫说：“他就是那个说话不算数的人！”大家早就听说了他言而无信的事，于是，谁都不愿意再伸出援助之手，商人最后被淹死了。

尽管商人两次在同一个地方沉船存在着偶然性，但是商人不信守承诺会给自己带来麻烦却是必然的。一个不守信用的人是很难赢得别人对他的长期信任的。试想，被骗过一次，谁还会再次上当呢？所以，这种人一旦身处困境，便没有人愿意出手相救，只有坐以待毙。

信誉是一笔无形的财富

有人说，一个人做的每一件事都是一张名片，一张张名片加起来就是世人对这个人的印象。一个讲信用的人，不会轻易向人许诺，只会在有绝对把握的情况下才去许诺，而一旦许诺，必然会努力去实现。像这种人，他的每一句话都掷地有声，每个承诺都有结果，谁还会不信任他呢？

秦末汉初有个叫季布的人，此人为人仗义，乐善好施，向来言而有信，赢得了很高的声誉。在楚国甚至流传着这样一句话——“得黄金百斤，不如得季布一诺”，可见他在世人心中的威望有多高。季布本是项羽阵营的人，多次击败刘邦军队，使刘邦窘迫不已。刘邦特别恼恨季布，待项羽败亡后，就立即悬赏千金缉拿季布，并下令若胆敢有人窝藏季布就灭其三族。

然而，季布的朋友们钦佩季布的为人，宁愿冒着杀头灭族的危险也要保护季布。于是，几经辗转，一直藏在朋友家的季布不但没有被交出去，反而被朋友好吃好喝地招待着。后来，季布的另一个朋友冒着生命危险去洛阳拜见夏侯婴，趁机对夏侯婴说：“做臣下的各受自己的主上差遣，季布跟随项羽自然要受项羽差遣，这完全是分内的事。项羽的臣下难道就该全都杀死吗？现在陛下刚刚夺得天下，仅仅凭着个人的怨恨去追捕一个人，这不是在向天下人显示自己器量狭小吗？再说，凭着季布的贤能，陛下追捕又如此急迫，这样一来，他不是向北逃到匈奴去，就是要向南逃到越地去了。这种忌恨勇士而去资助敌国的举动，就是伍子胥之所以要鞭打楚平王尸体的原因。您为什么不寻找机会向陛下说明呢？”夏侯婴知道季布的这位朋友是个侠义之士，也猜到季布一定躲在他那里，但他并没有向刘邦告密，而是等待时机向刘邦奏明，为季布脱罪。好在刘邦也是一个深明大义的皇帝，就赦免了季布，并任命他做了郎中。

季布诚实守信，自然能够赢得大家的尊重和赏识。正所谓“得道多助，失道寡助”，如果季布是那种为了一时安逸或者利益而失信于朋友的人，还会有这么多的人为他两肋插刀吗？食言而肥的人表面上是避免了麻烦，得到了点滴实惠，但毁掉的是自己的声誉，而声誉的价值并不是金钱所能衡量的。所以，人生在世要信守承诺，守护好这笔无形的财富。

上善若水，求教于水的人生艺术

一个人如效法自然之道的无私善行，便要做到如水一样至柔之中的至刚、至净、能容、能大的胸襟和器度。

——南怀瑾

古往今来，诗人、哲人们对于水的称颂感叹世世不绝，尤其以老子“上善若水”的比喻最为生动全面。老子认为，水泽被万物而不争名利，甘心居于人们所不齿的卑下污浊之地，深沉宁静，与人为善，无言地包容着一切，柔软时纤弱无力，坚硬时滴水穿石，它的德行是最接近于道的德行。

在《老子他说》中，南怀瑾先生引用了几副对联来描写“水”，将水的“利他”“与世无争”“包容”等特性刻画得淋漓尽致。如“到江送客棹，出岳润民田”，是说只要是能做到且对他人有帮助的事，水就永不推辞；“人往高处走，水向低处流”是说水永远都不占据高位，不会把持要津，宁愿居于下流；“水唯能下方成海，山不矜高自及天”，是说古人拿水形成的海洋和土形成的高山作为人生修为的指标，意在赞美水能汇聚成海，包容万物。可以说，水作为人世间最平凡亦最珍贵的物质，浸染着古今“智者”博大精深的人文精神，蕴含着有修为的圣人所要坚持的处世准则，因此，聪明的人懂得求教于水。

宽容有时是对敌人最有效的惩罚

水，清净无私，默默地包容着一切。这世间，无论多么肮脏的东西，水都愿意敞开胸怀无悔地接纳，然后慢慢地洗涤净化，还世界以纤尘不染。智慧的人看到水这一优良品德，会潜心学习，择善而从，慢慢提升自己的修养，之后便会明白，有时候包容、接纳一个人的错误，远比惩戒、处罚更能达到教育的目的。

宋朝有个叫吴味道的书生，经过十余载的寒窗苦读，在州县考试中名列前茅，想去京都参加会试以博取功名。乡亲们知道他家境贫寒，拿不出去京都考试的路费，于是纷纷慷慨解囊，赠送了百余贯钱作为他的盘缠。吴味道千恩万谢，准备上路。但他发现一百贯钱带在身上太显眼，为了不引人注意，便留了一些钱备用，将剩余的大部分钱购买了棉纱，想到京都后再换成现钱使用。但是还有一个问题，他带着大量棉纱进京，会被误认为是商人，如果沿途关卡的官吏向他乱收税费的话，他该怎么办呢？思考间，他想起一个主意，在行李上写上“封呈京师苏侍郎宅”的字样，落款“苏轼”，想要造个替苏东坡给其弟弟苏辙托运货物的假象。

一日，官吏上街巡视，发现了吴味道和他的行李，被他行李上的落款吸引了，心想，这落款和苏太守的笔法相差太多了，其中必有蹊跷。于是，便将吴味道带到了衙门交给苏东坡查办。

那时候，苏东坡正好在杭州做官，他心系百姓，助人为乐，廉洁奉公，在当地有着很高的威望。吴味道一见到苏东坡本人，吓得双腿打颤，连忙磕头认错。苏东坡打量他一番，发现他并非坏人，且一脸书生气，便问他姓名籍贯，为何盗用自己的名字？

吴味道经不住盘问，只得如实作答。那时候，苏辙在朝中任门下侍郎，苏东坡在杭州任太守，这二人又都是当时有名的大文豪，吴味道之所以造假，只是想借着苏家兄弟的威望镇住沿途的官吏们，使其不敢敲诈勒索。苏东坡知道了他的本意后，说："事出有因，有情可原，然有欺蒙之嫌，理当诘责，下不为例。"随后，又命人把吴味道行李上的封条撕掉，亲笔重写一遍，又给弟弟苏辙写了一封信交代清楚原委，再交给吴味道，说："劳驾将此信转交吾弟。你放心便是，此行即使上天去也无妨。"吴味道喜出望外，再三叩谢才告辞。后来他金榜题名，特意回来拜谢苏东坡，苏东坡也十分欣慰，遂留下他畅谈为官之道，多日后才依依惜别。

被人盗用姓名，苏东坡本可以严惩吴味道，然而他心地善良，能够体谅吴味道的难处，不但宽容了他，还为他重新写了封条，并假借让他帮自己给弟弟带信之名助他顺利通过各地关卡，这种种举动不正像水包容和与人为善的品行吗？

谦卑自处，不争故无忧

水从高处流下，遇方则方，遇圆则圆，遇到阻挡，则温和地避开。它上能幻化为云雾，下能幻化为雨露，高至云端，低入大海，总是那么从容淡然，与世无争。做人也应该如此，知方圆、懂进退才能避免过失，不树敌，在自然无为中长存下去。

张良是刘邦的重要谋士之一，与韩信、萧何并称为"汉初三杰"。他机智多谋，曾在鸿门宴上救刘邦于危难之中，后又多次为刘邦出谋划策，可以说他为刘邦在楚汉之争中夺取天下立下了不世之功。

天下大定后，刘邦要对所有的功臣进行封赏，韩信被封为楚王，萧何被封为酂侯，并且食邑最多。封赏到张良时，刘邦让张良在齐国属地内任选三万户作为食邑。这时候，在座众人无不羡慕地望向张良，这种封赏和恩宠是他们梦寐以求的。然而，张良却婉言拒绝了，他主动请封与刘邦最初相遇的地方——留地。张良此举，一是看到了历史上有功之臣的悲惨结局，明白“敌国破，谋臣亡”的道理，请封留地表明自己没有野心；二是借此感谢刘邦的知遇之恩。刘邦听了十分高兴，爽快地答应了张良的请求，并封他为留侯。

此后，张良便谎称身体不适，很少问及政事，一心修道，过着半隐居的生活，并扬言“愿弃人间事，欲从赤松子游”。面对世人皆难以舍弃的高官及厚禄，张良剪掉羽翼，隐藏光芒，像水一样选择了向下流动。他的谦卑自处及不争，使他避开了残酷的政治斗争，得以颐养天年。

自我超越，摆脱世俗的枷锁

要做一个自我超越的人，就必须摆脱世俗的枷锁，否则很容易为名利所困，名利所困是很难解脱的，这是事实。

——南怀瑾

人活一世，总是希望在名利上有所收获，因此忙碌一生，不得清闲。这种人，在南怀瑾先生看来就是无法摆脱掉世俗的枷锁，为别人而活的人。就像南怀瑾先生在《庄子·南华》中打的一个比方，他说："实际上我们做了一辈子人都没有为自己在生活，都是厨师，做了半天饭，都是做来给别人吃的，或是给子女吃的。因此必须解脱了世俗的枷锁，才可以不为名利所累，做到'圣人无名'。"

然而，在这个竞争激烈、物欲横流的时代，怎样才能做到不为私心所扰、不为名利所累呢？古人云："君子不患位之不尊，而患德之不崇；不耻禄之不夥，而耻智之不博。"意思是说，君子不担心地位不够尊崇，而担心自身道德不够完善；不以收入不够高为耻，而以学识不够渊博为耻。显然，世俗之人想要挣脱名利的桎梏，首先要建立正确的名利及荣辱观。

盛名往往伴随诋毁而生

我国有句俗语："人怕出名猪怕壮。"人若是行事太过张扬，声名在外，很容易引起别人的注意，进而被攻击，越是伟大的人，遭受的诋毁就越多。所谓“谤随名高”说的也是这个意思，一个人的声名越大，随之而来的毁谤也就越多。所以，想要自我超越，首先要有一颗超然之心来面对毁誉。

近代以来，曾国藩十分受人推崇，尤其是他作为朝廷重臣，能够以德求官、修身律己，超然于一切毁誉之外，更是令人敬佩。据说，在曾国藩的书桌上放着世人对他的两种截然不同的评价，左侧是各种褒奖令和奖状，而右侧则是很多批评及攻击性的宣传文件。对于世人褒贬参半的评价，曾国藩从来不放在心上，他甚至作诗一首来调侃自己的处境，题目为《赠沅浦九弟四十一生辰》，内容是：“左列钟铭右谤书，人间随处有乘除。低头一拜屠羊说，万事浮云过太虚。”身居高位，一生劳碌，最终得到的诋毁和赞美却同样多，令人在感慨之余，也足以看出曾国藩那份难得的超然洒脱的心性。

曾国藩能按照自己的意愿踏踏实实地为百姓和国家办事，不为毁誉所累，就在于他有正确的“名利观”，知道盛名和诋毁总是相伴而生的道理，只做该做的事，不在乎别人的眼光。世间的是非对错很难有个标准，每个人心中都有一把衡量是非的尺子，多了这一头，就会少了另一头。所以，不如清空心头对名誉的期待，做一个超然洒脱的人。

以空杯心态面对已经取得的成就

“空杯心态”绝不是一味地教人否定过去的成绩及努力，而是希望人们将已经取得的名誉或者利益搁置在一旁，以一种谦卑上进的姿态融入新的环境中。须知，一切成绩、荣耀都只是过去努力的见证，对于现在和未来，还需要我们不断地努力才能创造更大的辉煌。当我们的人生格局和境界到了一个更高的层次时，或许不用多说，就能豁然开朗，超越自我。

法国著名的科学家居里夫人一生能够取得无数的荣耀和成就，就在于她淡泊名利，能以“空杯心态”面对取得的成就。1903 年和 1911 年，居里夫人两次获得诺贝尔奖。有一天，她的朋友来家里做客，看到居里夫人把奖章拿给她的小女儿玩，诧异地问道：“您应该知道能得到一枚英国皇家学会的奖章是多么高的荣誉，怎么能轻易地拿给孩子玩呢？”居里夫人笑了笑说：“我是想让孩子们从小就知道，荣誉就像玩具，只能玩玩而已，绝对不能永远守着，否则就将一事无成。”

对于居里夫人来说，过去所取得的名誉和地位都像是秋天的落叶，不能再对其有什么留恋。也正因为这样，她才没有在第一次获得诺贝尔奖的时候止步不前，而成为历史上第一个两次获得诺贝尔奖的人。就连世界著名的物理学家爱因斯坦都称赞说：“在所有的世界名人当中，玛丽·居里是唯一一个没有被盛名宠坏的人。”

南怀瑾先生认为，学问最难是平淡，安于平淡的人，什么事业都可以做，因为他不会被事业所困扰。要想安于平淡，就要挣断世俗的镣铐，有一颗看淡一切的平常心。试问，过分看重名利的人会拥有一颗平常心吗？

人不尊己，危辱及之

一个人活在这个社会世界上，不受人尊重是危险的，也会遭致耻辱。

——南怀瑾

人生在世，无论处在什么样的地位，做着什么样的工作，都有被人认可和获得尊重的需要。若这份需要能够得到满足，人们就会对自己充满信心，对社会充满热情，体会到人生的意义。反之，人就会悲伤沮丧，自暴自弃，对外界产生敌意，找不到活着的价值。而尊重的获得至少需要满足两个条件，一是自己尊重自己，二是尊重别人。

正如南怀瑾先生在《列子臆说》中说的那样："人真想得到别人尊重，先要自尊，拿现在话讲，就是自重；更要先尊重别人，别人才会尊重你。如果骂人，讨厌别人，以为是自己的自尊心，拿宗教来讲，别人都逃避你，你已经陷入了孤立地狱，自己还不知道。所以，不尊重人而希望人尊重你，那是不可能的。"

要人敬者，必先自敬

一个人如果连自己都不尊重自己，又何谈获得别人的尊重？俗话说："山自重，不失之威峻；海自重，不失之雄浑；人自重，不失之尊严。"

自重是做人的关键品质，是健全人格形成的重要因素，应该作为人生修养的重要准则。

20世纪初期，画家徐悲鸿在欧洲留学。由于当时中国政治动荡、经济落后，在世界上很没有地位，中国的留学生经常受到歧视。

有一次，在一个人多的场合，一个外国留学生站起来向徐悲鸿挑衅，说："中国人愚昧无知，生就当亡国奴的材料，即使送到天堂深造，也成不了材！"徐悲鸿听了十分愤怒，他走到这个外国留学生面前，郑重地说："那好，从现在开始，我代表我的国家，你代表你的国家，等结业时，看到底谁是人才，谁是蠢材！"

无论是为了国家还是自己，徐悲鸿都下定决心，一定要勤奋学习。从此之后，他经常到巴黎各大博物馆去临摹世界著名画家的作品，去的时候带上干粮，一待就是一天时间，直到闭馆才回去休息。在巴黎美术界享有盛誉的法国画家达仰·布弗莱看到徐悲鸿这股刻苦劲儿和毅力，主动邀请徐悲鸿去家里做客，并亲自指导他画画。

就这样，经过长时间的不懈努力，徐悲鸿在法国逐渐小有名气，并多次在各大高校之间的竞赛中获得第一名。他的油画在巴黎展出时，轰动了整个巴黎美术界。此时，和徐悲鸿取得的成就相比，那个大骂中国人无能的外国留学生并没有什么值得一提的成绩。

徐悲鸿之所以能够在外人不看好自己的时候取得如此大的成绩，就在于他明白"只有自己先尊重自己，别人才会尊重你"的道理，也正是内心那份对自己的尊重，对自己人格的维护，促使他奋发向上，立志图强，终于在美术界赢得了一席之地，最终赢得了别人的尊重。

敬人者，人亦敬之

自尊心不是某个人独有的，而是每个人都有的。所以，我们要以自己想要获得尊重的心理去理解别人对尊重的需要，学会尊重别人。俗话说，人敬我一尺，我敬人一丈。人能够牺牲自我，帮助别人、爱护别人，就会受到别人的尊敬；反之，那些践踏别人尊严、以自我为中心的人，只会让人敬而远之。

我们伟大的总理周恩来是一位很有风度的外交家，遇到值得尊敬的人，他总是热情相待，可遇到那些傲慢无礼的人，他也总能巧妙地反击回去。有一次，周总理接见了一位领导人，这个领导人所在的国家在国力上比当时的中国强盛，于是这位领导人就在心里十分瞧不起中国人。见面时，双方自然免不了要握手，可那个领导人毫不避讳地戴着手套与周总理握手，这在社交礼仪中是十分不礼貌的，周总理感受到他的骄横后，并没有多言，也没有回避，而是大方地与对方握了手。那位领导人很是得意，自以为在中国的土地上侮辱了中国领导人，却见周总理不慌不忙地向身边的工作人员要了一条洁白的手帕，擦了擦刚才握手的那只手，然后当着所有人的面，将手帕丢进了垃圾箱。

周总理的这一回击得体又有力，他用实际行动告诉那些不尊重别人的人，尊重是相互的，聪明的人会通过抬举别人而获得持久的尊重，愚蠢的人却自以为通过踩低别人可以提高自己的威信，其实只是缘木求鱼，让自己陷入孤立的境地，离被尊重越来越远。

学会专注，意之所属着其行

心理作用专注于某一件事上，就表达在你的行为上，从你的行为上就看得出来。

——南怀瑾

南怀瑾先生曾多次在演讲中强调专注的重要性，他认为，如果精神专注在某一桩事上，其他一切一定会丢得开。所以，想要做成一件事情，专心致志是必不可少的条件。正如颜回向孔子请教游说专横独断的卫国国君的方法时孔子所说的，“若一志，无听之以耳而听之以心；无听之以心而听之以气。听止于耳，心止于符。气也者，虚而待物者也。唯道集虚。虚者，心斋也”。这就是要求人们做事情时要摒除杂念，使心境虚静纯一。

这其实很好理解，假如我们把成功的历程当做走一段人生路，不够专心的人很容易被路边的花鸟所吸引，为了满足好奇心而停止不前，只有做事专注的人，才能顺利地走完这段路，打开成功的大门。然而，在认清专注重要性的同时，我们要挑选一下专注的目标，并不是所有的事情都值得专注，我们应该只在该专注的事情上专注，忽视那些坏的、不值得专注的事情。

专注是开启成功之门的钥匙

法国启蒙思想家卢梭说：“当一个人一心一意想要做好一件事情的时候，他最终是会取得成功的。”事实就是如此，一个人想要得到什么样的结果，就要坚持做什么样的事，这样才能逐渐完成走向成功所需的资本积累。

说到专注，很多人都会想起西汉时期伟大的思想家董仲舒。他从小天资聪颖，特别喜欢读书，时常到了废寝忘食的地步。家人看他太刻苦，怕他累出毛病来，决定在紧靠着他书房的宅后修建一个大花园，方便他学累了去园中休息。

头一年的时候，董太公专门派人到南方学习了花园的建造技巧，在春暖花开的季节，热热闹闹地动工了。姐姐见花园里绿草如茵、姹紫嫣红，多次邀请董仲舒去游玩。然而，董仲舒一心背诵孔子的《春秋》，拒绝了姐姐的好意。

董太公以为花园不够吸引董仲舒，于是在第二年修建了假山，又邀请亲戚邻居们来园中玩，可董仲舒依然不为所动，只专注地研究他的竹简诗文。

到了第三年，董家的花园彻底竣工，大家纷纷夸赞花园漂亮、建得精致，父母叫董仲舒去玩，他依旧不理，继续埋头读书，就连全家人聚在一起边饮酒边赏月的中秋节晚上，依然找不见董仲舒的踪影，后来才知道，原来趁家人赏月之际，他又找先生研讨诗文去了。

就这样，心无旁骛的董仲舒随着年龄的增长，读遍了儒家、道家、阴阳家、法家等各家书籍，积累了很多学问，终于成了令人敬仰的一代大文学家、大思想家，他的这段“生专心笃学，三年不窥园”的经历也成了一段佳话，被后人用来教育子女做一件事情时要专心致志。

选对专注的目标同样重要

我们要成功，除了肯专注之外，还要选对专注的目标，也就是选对坚持的方向。要知道什么是该专注的、什么是不值得专注甚至不值得去尝试的，不要因为一时鬼迷心窍而做出利令智昏、自欺欺人的事。

《列子·说符》中记载了一个《齐人攫金》的故事。讲的是一个齐国人特别想要得到一些金子，有一天早上，他穿好衣服、戴好帽子，走到集市上一个专门卖金子的地方，也不顾当时很多人在场，径直抓了一把金子就走。后来巡官抓住了他，好奇地问他："大庭广众之下，你怎么敢动手抢人家的金子呢？"那个人想都没想，直接回答说："我抓金子的时候，根本没看到人，只看到金子。"

可以看出，这是一个带有讽刺意味的小故事，意在嘲笑那些因为贪图不属于自己的东西而失去了理智，不顾一切后果的人。这个拿别人金子的人，在抓金子的时候，眼中除了金子再无其他，虽然是很专注，但是他的专注却不值得提倡，因为他没有选对专注的目标，如果他把专注用在通过合法途径努力赚钱上，那么结果可能就大不同了。

南怀瑾先生很赞同孔子"君子无众寡，无小大，无敢慢，斯不亦泰而不骄乎"的观点。他认为，真正的专注是在该专注的事情上，没有多与少的观念，如待遇的多少、利益的大小等，也没有什么职位高低的观念，对于任何事情都不轻慢，只要有任务分到手上，就持之以恒，全力以赴，只有这样才能做到泰而不骄、如愿以偿。

守静持重，乃立身之本

志在圣贤的人们，始终要戒慎恐惧，随时随地存着济世救人的责任感。

——南怀瑾

南怀瑾先生认为，老子“重为轻根，静为躁君。是以圣人终日行而不离辎重，虽有荣观，燕处超然”的教诲，除了告诫世人要沉稳处世外，还要敢于承担责任，正如他在《老子他说》中说的那样：“我们生命立足点的大地，负载万物和一切，生生不已，终日运行不息而毫无怨言，也不索取人们和万物付于任何代价。它总是默默无言地静静前进，不断地轮转，而给予所有生物生命的滋养。所以生而为人，也应静静地效法大地，要有负重载物的精神。尤其是要学圣人之道的人，更应该有为世人与众生，挑负起一切痛苦重担的心愿，不可一日或离了这种负重致远的责任心。”

那么，怎么做才能真正担负起更多、更大的责任，“一肩挑尽古今愁”呢？这又回到了老子所提倡的“守静持重”处世态度上。一个善于修养自己的人，凡事都会沉稳而行，因为他们的内心永远保持沉静，所以一切的轻率和躁动都会烟消云散，而那些急功近利、轻率冒进的人，即便是坐拥万乘之国，也会因轻率、躁动而治理失败。所以，想要做成大事，担负起更重的责任，守静持重是先决条件。

沉稳是胜利的根本，轻率是失败的根源

宋代大文学家苏轼说："慎重则必成，轻发则多败。"意思是说，事先经过周密的思考布局，执行过程中又谨慎沉稳的人一般会取得成功，而事先不做谋划，行动中又马虎草率的人一般会遭遇失败。很明显，这两句话告诉我们做事要谨慎持重，万不能因轻举妄动而造成不可挽回的局面。

"关羽大意失荆州"说的就是一个因粗心大意、骄傲轻敌而失败的故事。三国时期，荆州是战略地位极及其重要的地方。据《三国志》记载，荆州"北据汉、沔，利尽南海，东连吴会，西通巴、蜀"，刘备想要进攻中原，一统天下，荆州必不可失。

关羽一生忠勇无双，深得刘备信赖，刘备及诸葛亮率军入川时，就留下关羽坐镇荆州。临行前，诸葛亮将荆州大印交与关羽，并再三叮嘱："想要保住荆州，必须北抗曹操，东和孙权。"关羽嘴上答应，可是心里却从来没有把东吴放在眼里。诸葛亮走后，孙权为了孙刘联盟更加牢固，曾派人向关羽求亲，要为自己的儿子迎娶关羽的女儿为妻，一代诸侯向一个将军求亲，这本是低就的事，可关羽竟一口回绝了，并称"虎女焉能嫁犬子"，一句话惹怒了江东君臣，这也足以看出关羽的狂妄之心。

后来，关羽出兵攻打曹操，东吴趁机使用骄兵之计，写信给关羽，对他歌功颂德，大加吹捧。关羽看信后，更加不可一世，认为自己攻打曹操之际，胆小的东吴一定不敢进犯荆州，后方已然安全，于是调离全军支持攻曹，导致荆州空虚。而留守在基地的糜芳与傅士仁由于能力不足，常常不能及时供给前方军需，关羽扬言班师之后一定要军法惩戒这

二人，万般无奈之下，糜芳与傅士仁生了叛变之心，投靠了东吴。就这样，万事俱备，东吴趁机袭击荆州，关羽来不及救援，导致荆州沦陷。

关羽不听诸葛亮“北抗曹操，东和孙权”的劝告，立功心切，一意孤行，在抗拒曹操之际与东吴为敌，不仅导致失去了荆州这样一块宝地，也给他自己提前铺了一条走向死亡的道路，这正是犯了“轻则失本，躁则失君”的大忌。

身处“荣观”之中，依需超然物外

古往今来，那些出身卑微、身无长物的人想要存志于心，过箪食瓢饮的生活很容易，但是身处富贵之中，依然能够超脱于世俗生活之外，不眷恋功名利禄却很不容易。所以，南怀瑾先生在《老子他说》中提到隋炀帝的那句“我本无心求富贵，谁知富贵迫人来”时说：“如果真正有道之士，到了这种地位，虽然处在‘荣观’之中，仍然恬淡虚无，不改本来的素朴；虽然燕然安处在荣华富贵之中，依然有超然物外，不受功成名遂、富贵荣华而自累其心，这才是有道者的自处之道。”

春秋时期的楚国令尹孙叔敖就是一位身处名利富贵之中，依然保持着质朴之心，不受物欲诱惑的贤人。相传，在他上任之际，很多官吏和百姓都前来祝贺，只有一个老先生穿着白色丧服前来吊丧。孙叔敖并没有觉得晦气，反而整理好衣冠郑重地接见了他，说：“楚王不了解我没有才能，让我担任令尹这样的高官，人们都来祝贺，只有您来吊丧，莫不是有什么话要指教吧？”老人说：“是有话说，若是当了大官，对人骄傲，百姓就要离开他；职位高，又大权独揽，国君就会厌恶他；俸禄优厚，却不满足，祸患就可能加到身上了。”老人的这番话和孙叔敖的想法不谋而合，于是他向老人拜谢说：“我诚恳地接受您的指教，还想听听您其余的意见。”老人说：“地位越高，态度越谦虚；官职越大，处世越小心谨慎；俸禄已很丰厚，就不应索取分外财物。您严格地遵守这三条，就能够把楚国治理好。”孙叔敖谦虚地说：“您说得非常对，我定会牢牢地记住！”

孙叔敖虽然贵为令尹，功勋卓著，却从来不以权谋私、借机敛财。相反，他一生为官清廉，气节高尚，多次坚决辞受楚王的赏赐，将俸禄施惠于百姓，以至家无积蓄，临终连个棺椁都没有，子孙后代也只能靠上山打柴维持生计。所以，他才是身处“荣观”之中，超然物欲之外，敢于承担责任的圣人。因此，世人对他颇为敬重，视他为“持重守静”的典范，就连诸葛亮都忍不住称赞道：“昔孙叔敖乘马三年，不知牝牡，称其贤也。”

人生境界有大小：小知不及大知也

如果一个人没有眼光、气度，就会看不远，那他的前途就有限。

——南怀瑾

南怀瑾先生在《庄子·南华》中提到了一个因明学（佛教用来诠解哲学思想的形式方法）俗语，即“比量”，大意是“由推理而得的知识”。南怀瑾先生说:“人类的见解、知识和生活经验都是‘比量’，不是真实的。同样一个气候，同样一个空间，一个时间，一个颜色，因人而产生的感受各异。譬如说热，热到什么程度？每个人的感受都不一样。因此，冷热一切等等，都是比较的，不是绝对的真正的知识。”

所谓“井底之蛙，所见不大；萤火之光，其亮不远”。我们的知识和眼界都和我们的经历有关，并非事实的真相。因此，一个人要想在某方面取得成就，就要将自己的目光放长远，懂得高瞻远瞩、未雨绸缪，或者善于听从比自己更有见地的人的建议，开阔思路，将人生格局放大。

明者远见于未萌

一个有远见的人是十分可贵的，他会在事情没有发生之前就预测到可能存在的隐患，并将其消灭在无形之中，从而收获长远的收益。就像南怀瑾先生说的那样："有远见有大见的人，他就有千秋的事业，永远有他的伟大。"

孔子的得意门生宓子贱就是一个有远见的人。相传，宓子贱曾经在鲁国担任单父宰（单父：地名，今山东省菏泽市单县。宰：古代官名，宰官）。一次，齐国的军队想要攻打鲁国，而军队的行军路线必须经过宓子贱的管辖区域。消息传来，城中的百姓纷纷向宓子贱建议，说："大人，现在城外的麦子已经成熟，迟早都要收割。现在齐国的军队突然要来这里打仗，在这种关键时刻，恐怕来不及每家收割自己的麦子了，不如您下令，让我们一起出城收割麦子，这样既可以收割到自己的粮食，又不会资助齐国人，一举两得。"

宓子贱听了这些建议，撇嘴一笑，果断地拒绝了。后来，齐国的军队真的路过这个地方，并抢收了这里的麦子，那些当初被宓子贱否定建议的人心中有怨恨，就将此事告知了鲁王。鲁王知道后十分生气，立即命人传唤宓子贱并要治他的罪。宓子贱到后，不慌不忙地对鲁王说："今年的麦子虽然已经没有了，但是来年还可以种。如果我们在齐国的军队到来之前，一哄而起地去收割麦子，其中势必会有不劳而获者。这样下去，我们的百姓就会生出惰性，他们不去种地却整天希望敌国军队犯境，长此以往，鲁国就会衰落下去。单父的麦子不过是鲁国所有粮食的九牛之一毛，它的丢失不会使鲁国遭受多大损失，而如果把这种不劳而获的念头流传下来，将会有几代人因此而受害啊！"鲁王一听，觉得宓子贱言之有理，就放了他。

可以看出，宓子贱是一位出色的管理者。在紧急关头，他能够见微知著，因势利导，为了不损害无形的价值观而果断放弃眼前的蝇头小利，不但避免了不利因素发生连锁反应的可能，还引导人们的思想格局往更高的层次发展。

智者改过不吝，从善如流

每个人的成长经历不同，所获得的经验和感悟也就不同。但是，聪明的人能认识到自身的局限，并将心态放低，从格局更高的人那里开拓眼界和学习经验，当比自己更有见识的人向自己提出诚恳的建议时，他们往往能够毫不犹豫地改正自己的错误，选择一条更合适的道路。

古时，在偏远地区有一户人家，喜欢邀请客人来家里做客。一天，一位客人看见他家的烟囱是直的，旁边又有很多干燥的柴草，于是对他说："你家的烟囱应改成曲的，柴草也必须移到一边去，不然很可能会发生火灾，酿成大祸。"主人听罢，嘴上答应了，却并没有付诸实际行动。

不久后的一天，这户人家果然失了大火，周围的邻居看到后赶紧跑来救火，经过一番折腾后，大火终于被扑灭了。为了表示感谢，主人杀猪宰羊犒劳四邻，但是并没有想起当初那个给他建议、让他防患于未然的人。

这时候，他的一位比较明智的邻居说："如果你当初听了那位先生的话，今天也不会发生火灾，若要论功行赏的话，救火的人并不是最有功劳的，而之前给你建议的人才最应该被感谢。"主人听了，登时明白了其中的道理，立即去邀请当初那个给予建议的客人来吃饭，并深表谢意。

一般来说，当自身的经验和眼界有限时，听取别人的劝告无疑是一种最直接有效的开拓眼界、少走弯路的方法，关键就在于你能否认识到自身眼界的狭隘，是坚持做那只坐井观天的蛙，还是愿意勇敢地跳出井口，拥抱蓝天大海，把自己的世界扩展到最大？

第三章

南怀瑾谈道学中的人情世故：

君子淡以亲，小人甘以绝

素有“礼仪之邦”美誉的中国其实也是“人情之邦”，生活在这个国度，对人情世故的要求很高。一个人不管多聪明、多能干、家庭背景多强大，若不懂得人情世故，就很难在生活和工作中取得成功。尤其是步入社会之后，失去了父母亲人的庇护，不懂人情世故，就会尝尽世间冷暖，多走很多弯路。聪明人会利用社会上约定俗成的规则及常理，在各种各样的情势下，让事情朝着对自己有利的方向发展。想做生活中的智者与强者，就要懂得人情世故。

所谓生存，先存己而后存人

先能够自救，自己先站起来，再扶住别人站起来。

——南怀瑾

南怀瑾先生在《庄子·南华》中指出了现代年轻人常犯的一个毛病，即自己还不会爬，就想去扶住别人站起来，觉得自己很高明、有很多的主意。这就与庄子所提倡的“古之至人，先存诸己而后存诸人”的做人原则相违背了，在自己的人生观、价值观及事业等都没有定下来的时候，不谦虚、不求教地摆姿态，好为人师，不但对自身的提高无益，而且容易引起别人的反感。

一个人只有在确定了自己的人生方向，学问、道德、修养都提高到一定的境界，找到了自身存在的价值之后才能对社会和他人提供帮助，即“存诸人”，就像南怀瑾先生说的那样：“先求自度，然后来度人。你自己度自己、救自己都救不了，怎么能够救别人？”

身先才能率人

无论是佛家思想的“先度己，再度人”，还是儒家思想的“立己而后立人”，抑或是庄子笔下的“先存诸己而后存诸人”，都很明确地向人们展示了古今圣贤的处世哲学：正人之前先正己，要率人必然身先。如此，才能让人信服。

很多人都听过这样一个故事。有个善良且热心的老太太，喜欢每天坐在马路边上晒太阳。有一天，她发现不远处的一堵高墙有缝隙，总觉得这墙有危险，随时会倒塌，于是只要有人路过那堵墙，她都会走过去提醒："这堵墙快倒了，很危险的，你还是离远一点吧。"

然而，老太太的善意提醒并没有收到预期的效果，行人依旧三五成群地从这堵墙的墙根走过，一连数日，皆是如此。老太太有些生气了，"这些人，真是不听劝告，出了事有他们后悔的"。这时，又有人走过来，老太太依旧上前劝告，那人也没有听老太太的话。又过了几天，来来往往的人都没有遇到老太太口中的危险。这下，老太太不淡定了，她觉得很奇怪，这么危险的墙怎么坚持了这么多天还没有倒塌呢？想着，就不由自主地来到墙根下仔细观察，可就在此时，"轰"的一声墙倒了，老太太被灰尘砖块掩埋得结结实实，气绝而死。

故事中的老太太每日清醒地提醒别人很容易，但是，想要清醒地提醒自己却很难，而许多危险却是源于自身的，老太太的悲哀就在于此，如果她能够每日离墙远远的，以实际行动告诫他人墙的危险性，说不定悲剧就不会发生了。

成功就是做最好的自己

对于成功的定义，每个人心中都有不同的标准。然而，追溯过往，但凡叫嚣着要在历史上留名，要"拯济百姓，匡扶天下"，要"举而措之天下之民"，却不从提升自身做起的人，最终都很难对历史做出很大的贡献。相反，那些在平凡的生活中，不讲出身，不讲未来，不与人攀比，只尽力做好当下自己该做的事的人更容易取得成功。

若论对历史的贡献及在世人心中的地位，诸葛亮是古往今来的佼佼者。他“上知天文，下知地理，中晓人和，明阴阳，懂八卦，晓奇门，知遁甲，运筹帷幄之中，决胜千里之外，大有管仲乐毅之贤，抱膝危坐，笑傲风月，未出茅庐，先定三分天下”，可谓人中龙凤。然而，诸葛亮的这一身本领是一出生就有的吗？当然不是，而是他勤学苦练、焚膏继晷，一点一滴积累得来的。所以，即便他不主动求取功名，自有“存诸人”的机会追赶着他而来。

相传，诸葛亮少年时曾师从水镜先生司马徽。那时候，计时没有现代方便，天气好的话就用日晷计时，天气不好的话时间就不好掌握了。水镜先生的计时方法更先进一点，他利用动物对时间的感知能力来计时。他每天都在同一时间喂鸡以训练鸡按时鸣叫，鸡一叫，代表时间到了，一天的课也就结束了。诸葛亮是个爱学习的人，为了让先生多讲一些知识，便每日都带上一些粮食等鸡快叫的时候喂鸡，鸡一吃饱就不叫了，如此一来，先生的上课时间也就不知不觉地延长了。

过了一些时候，司马徽察觉到鸡不按时叫了，于是在课上问大家：“鸡为什么不按时叫了呢？”其他学生都不知道是怎么回事，只有诸葛亮心中明白，便如实地向司马徽讲述了自己通过喂鸡的方法延长先生授课时间的事情。司马徽听了相当生气，为诸葛亮的“顽劣、欺师”而痛心，他当场烧了诸葛亮的书，不让他再读书了。诸葛亮一心求学，肯定不会就此作罢，于是去求水镜先生的夫人，让其帮忙劝说老师。司马夫人是个通情达理的人，她被诸葛亮的求学精神所打动，便恳请司马徽再给诸葛亮一次机会，说：“他小小年纪，虽使了点心眼儿，但目的还是很单纯的，就是为了多学点东西，并没有他图。”司马徽听后觉得有理，便同意诸葛亮继续读书了。

可以看出，诸葛亮之所以能协助“兵不过万，将只关张”的刘备在群雄中立足，并在军事、经济、政治、文学、修养等方面都取得很大成就，就在于他在自己的知识、修养和能力等方面没达到要求之前只“存诸己”，不“存诸人”。所以，只要能够在合适的年龄做该做的事，早晚都会成功。

保持判断力，有些赠予不能接受

人生处世，这个钱该拿、不该拿，要有高度的学问，高度的智慧。

——南怀瑾

南怀瑾先生在《列子臆说》中提到了列子在饥肠辘辘之际依然谢却国君送粮的故事，列子为何拒绝别人的赠予呢？列子说：“这位国君并不是真正了解我，他只是接受了别人的建议，为了表示自己爱天下贤士的风度，才送粮食给我。那么，假若明天有一个人讲我不对，他就会派人来杀我了。因为这不是他自己的本意，只是受左右之言的影响。”在南怀瑾先生看来，列子不接受别人轻易的赏赐，是因为轻易的恩惠反过来则同样有轻易的祸害，这就是人生哲学。

事实上，我国古代圣贤在接受别人的赠予时十分讲究，他们会以理智的判断力为每种赠予的“财物”做明确的定位，不该接受的坚决不接受，比如我们所熟知的“廉者不受嗟来之食”“无功不受禄”等都是在强调当别人赠予的东西不符合自身所坚持的为人处世原则时，就不能接受。

君子爱财，取之有道

人人都爱钱，但是君子只从正道上得到财物，不要不义之财。人活在世上，一定要明白这个道理：爱财无可厚非，只要是通过自己的努力收获的报酬就可以问心无愧地接受，而那些昧心钱、黑心钱、违背良心道德的钱坚决不能赚，否则，除了蒙受道德耻辱之外还可能有牢狱之灾。

说到拒绝不义之财的典范，很多人都会想到素有“清白吏”之称的东汉刺史杨震。杨震一生为官清廉，坚决不谋私利，他对自己的要求十分严格，任何在他看来属于私谒的赠予他都会断然拒绝。

相传，杨震在荆州任刺史的时候曾经向朝廷举荐过一位才华出众的学生王密。后来，王密得知杨震因为调任东莱太守要途经自己所管辖的县，于是趁机去拜会他。二人相谈甚欢，聊至深夜，谁知王密临行前突然从怀中捧出黄金送给杨震，说：“恩师难得光临，我准备了一点小礼物来报答恩师的栽培之恩。”杨震听了大为恼火，说：“我推荐你是因为你的真才实学，并不是为了你的报答。我希望你能够做个廉洁奉公的好官，可是你今天的行为真是违背了我的初衷，你对我最好的回报是报效国家，而不是回报我个人。”王密坚持道：“现在是半夜，我送你黄金不会有人知道的，请收下吧！”杨震听后怒不可遏，疾言厉色道：“你这是什么话，天知，地知，我知，你知！怎么可以说没有人知道呢？没有别人在，难道你我的良心就不在了吗？”王密顿时没了底气，只得灰溜溜地走了。

杨震一生耿介，从不收受贿赂，所以他才深受世人的尊敬和爱戴。他明白，一个人无论何时都要保持自己的判断力，不能拿德行开玩笑，无论贫富贵贱，都不该接受不属于自己的赠予，如此才能对得起自己的良心，同时还不会授人以柄。

人生在勤，不索何获

张衡有句名言："人生在勤，不索何获？"意思是说，不勤奋努力去求索、去追求，人生怎么会有所收获？所以，一个人想要得到什么，就要凭借自己的努力去获得，不能等着"不劳而获"，否则，只是在挥霍光阴，最终徒留遗憾。

很多人都听过"石油大王"哈默的故事，认为他的成功在很大程度上得益于他"无功不受禄"的做人原则。

在一个寒冷的冬天，哈默随着一群逃难的人来到了南加州的沃尔逊小镇上，饥寒交迫使他们都已经无力说话了。沃尔逊居民比较热情好客，家家烧火做饭款待逃难的人。大家见到久违的食物后，连一句"谢谢"都来不及说，便狼吞虎咽起来。

然而，哈默却没有这么做，尽管他脸色苍白，疲惫不堪，但是并没有接受镇长杰克逊大叔送来的食物，而是仰头问道："先生，吃您这么多东西，您有什么活儿需要我做吗？"杰克逊大叔并没有想从哈默那里获得什么回报，于是善意地回答说："不，我没有什么活儿需要你做。"

哈默听完，十分失望，他说："先生，那我不能吃您的东西，我不能不劳动就得到这些食物！"杰克逊见他如此执着，便说："我想起来了，我家确实有一些活儿需要你帮忙。不过，等你吃过饭，我再给你派活儿。"哈默却执意要先做完活儿再吃饭。杰克逊十分欣赏哈默，知道依这个年轻人的性格如果不让他干活，他是不会吃东西的，于是他思考片刻后便对哈默说："那你就帮我捶捶背吧！"

哈默认真地给杰克逊大叔捶了几分钟背，直到杰克逊满意后，才站起来吃饭。事后，杰克逊因为欣赏哈默，便邀请他留在庄园，并把自己的女儿嫁给了他。杰克逊曾经对女儿说："尽管他现在什么都没有，可他百分之百是个富翁，因为他有尊严！”

有钱的生活是人人都向往的，然而只有通过自己的劳动获得财富时，人才是有尊严的。哈默在贫困潦倒之际，坚决不接受别人不求回报的赠予，让人看到了他的尊严、他的富有，所以别人才欣赏和尊重他。可见，君子任何时候，哪怕是在吃一顿饭的短暂时间里也不能存有不劳而获的侥幸心理。

德荡乎名，知出乎争

道德也有它的标准，也有它的做法，你超过了这个范围，道德就变成了不道德，或者是非道德。

——南怀瑾

南怀瑾先生认为，一个人不能安守本分却为了自己的名誉而表现得很有道德修养，不能潜心学习知识却为了能够在争论中胜过别人而读书，这都是“德荡乎名，知出乎争”的表现，是不值得提倡的。

就像南先生在《庄子·南华》中说的，庄子借助孔子之口，说出“名也者，相轧也；知也者，争之器也。二者凶器，非所以尽行也”。这句话就是想告诫世人，为了求名而互相倾轧、为了好胜而求知识是不道德的行为。这样的“成功”与“知识”就成为伤及他人和自己的凶器。

事到有功方是德

从古至今，受功利心的驱使，世上不乏欺世盗名之辈。无论一个人的名誉再怎么好，只要他做出的事对世人不利，就算不上有道德的人。正如南怀瑾所说：“有人口口声声讲仁义道德，那就得拿点仁义道德的成果出来，不然就是空话，空话没有用。用一句古诗来讲，‘事到有功方是德’，一件事情做到最高处，劳苦功高有成果了就是德，也称为功德。所以，你说我要做好人，做好人不要讲，你做出来，‘事到有功方是德’，这就是道德。”

说到善于沽名钓誉的人，隋炀帝杨广就是最典型的一位。据史书记载，杨广“美姿仪，少聪慧”，年仅13岁就晋封为王。后来，在抵御北方突厥和南下灭陈的过程中屡立战功，笼络了一批人才，羽翼渐渐丰满。那时候，小有威名的杨广不满足于当时的地位，暗暗起了夺储之心。身为太子的杨勇由于生活奢靡，为杨坚所不喜，杨广就刻意表现出勤奋节俭的样子。为了给人留下作风正派、礼贤下士、不好声色的印象，他处处谨慎小心，每当隋文帝或者朝中大臣到他府中，他就把艳丽的姬妾锁起来，只留下又老又丑的妇人来伺候，极力显示自己对女色不感兴趣。他深知独孤皇后痛恨男子宠幸众多，于是只与自己的原配居住，表现出很专一的样子。他还故意将家里的管弦乐器弄断，使上面布满灰尘，并放在最显眼的位置，让人们误以为他不会纵情声色。杨坚见杨广能够如此朴实正直，心中十分欢喜。还有一次，杨广外出狩猎，恰逢天降大雨，下属拿了一件雨披给他披上，他故意拒绝道：“将士们都还在雨中淋着，我怎么能独自一人避雨呢？”在场的人听了无不感动，杨坚更是认为杨广具备仁爱之心，日后可以担当重任。

杨广一边“戴着面具”哄骗着世人，一边加紧夺储的步伐，最终成功夺取了太子之位。登上帝位后的杨广，再也不需要表演给谁看了，于是一改过去贤良温恭的样子，到处大兴土木，搜刮百姓钱财，整日荒淫无度，成了历史上最昏庸的皇帝之一。

显然，杨广登上帝位之前表现的仁义道德都是以获得好名声为目的的，他并没有做出对世人有利的实际行动，即“无功”，再加上他登上帝位后的表现都不在道德范围内，这就是“德荡乎名”。然而，任何一种欺瞒都不能永久，隋朝的短命就是杨广破坏人生修为标准的后果。

真正的学问，在争论之外

历史上让人触目惊心的“党祸”，多缘于对名利的追逐，越是有学问的人，争论的呼声越大。这时候，人们所学到的知识，都成了斗争的工具。在南怀瑾先生看来，这些知识和学问并非真正的知识、学问，只是为了榜上有名，是争斗的开始。那些真正有学问的人，是为了自己读书，是为了自己求道，绝不是为了争名和好胜。

田丰和许攸都是三国时期袁绍帐下的谋士，正所谓“文人相轻，自古而然”，两个都十分有学问的谋士，同在一个阵营，自然暗中怀有想要一争高下的心理。

“官渡之战”前夕，田丰根据当时的形势，提出先富国强兵，然后不战而胜的策略。他劝阻袁绍说：“曹操已经打败了刘备，许都就不再空虚。而且曹操擅长用兵，变化无常，人数虽少却不可轻视。现在不如凭借山岭、黄河之险长期坚守。将军拥有四个州的人马，可外面联合英雄豪杰，内部实行农耕用以备战。然后挑选精锐部队，分为奇兵，趁敌人空虚轮番出战，用来骚扰黄河南面。敌人援救右边，我就攻其左边；敌人援救左边，我就攻其右边，使敌人疲于奔命，人民不能安于本业。如此一来，我们还没有疲劳但对方已经困乏，用不了三年，安坐庙堂就可战胜敌人。现在不用稳操胜券般的计策而想通过一次战争去决定成败，万一不能如愿以偿，后悔就来不及了。”然而，许攸却不以为然，他自认为比田丰更有远见，为了能够压住田丰，就以“军心正旺，天赐良机”为由，再三力劝袁绍伐曹。最终，袁绍采取了许攸的建议，否定了田丰的建议。田丰不甘心，再次极力劝阻，袁绍十分生气，认为他在扰乱军心，灭自己威风，于是先将他降为车夫，后将他关进了冀州大牢。即便如此，许攸仍没有善罢甘休，官渡大战败后，许攸以“田丰听说将军败退，拍手大笑”之莫须有的罪名上报袁绍，致使袁绍将田丰杀害了。在这场意见之争中，虽然许攸获胜，却在袁绍心中留下了残害同僚的印象。后来许攸家人犯法，许攸被袁绍猜忌，只得转投曹操，助曹操赢了“官渡之战”，最终却又因自己的狂妄而被曹操的部下许褚斩杀。

田丰和许攸的下场就是不能同心同德而一心争强好胜造成的。与没有受过教育的人相比，两个有知识的人相争比普通人更加残酷，正如南怀瑾先生说的那样，“知识意见的战争比什么都可怕”。因此，许攸和田丰都算不上真正有学问的聪明人。

谨尔言，慎尔行

我们做一件事业，做一件事情，自己要再三考虑价值在哪里，它的影响在什么地方，这就是《列子》说的“知持后才可以言持身”，“慎尔言”，“慎尔行”。

——南怀瑾

在与人交往的过程中，我们的一言一行都是自身教养的名片。一个有修养、有道德的人，应该对自己的言行负责，话要说得有理有据，事要做得合情合法，所以在“言”“行”之前都要深思熟虑，切不可凭一时冲动而鲁莽行事。

就像南怀瑾先生在《列子臆说》中说的，关尹子告诉列子“慎尔言，将有和之；慎尔行，将有随之”，不过是想提醒世人，“人生要学的是说话谨慎，不要随便说话。一个善于说话的人，说出来会引起共鸣，大家都会唱和他。同时行为要小心，任何事情不要随便，行为更不能随便，有好的行为，自然有很多人拥护，跟着你走”。

言谨则能崇其德

古人云：“君子道人以言而禁人以行，故言必虑其所终。”意思是，君子用言语告诉别人，什么事情可以做，什么事情不可以做，所以说话时一定要顾忌到最终的结果。要知道，无论任何时候，一个善于说话且三缄其口的人都比一个不会说话且滔滔不绝的人更受人尊敬。

朱元璋从小家境贫寒，曾经有过一群患难朋友。在他做了皇帝之后，有一天，他的一个幼时好友从乡下来到京城找他。可是，日理万机的朱元璋似乎已经忘记了这位朋友，为了帮助朱元璋回忆起往事，这个朋友说："我主万岁！当年微臣随驾扫荡芦州府，打破罐州城，汤元帅在逃，拿住豆将军，红孩儿当关，多亏菜将军。"他这话说得很委婉，朱元璋听了既亲切又不失面子，细细回想，似乎真的有那么回事，于是立即将这位朋友留下并委以重任。

不久，这个消息传到朱元璋的另一个幼时好友那里，他想："同样是光屁股玩大的朋友，既然他去了就能做官，看来皇帝还是念旧情的，那我去了应该也可以弄个一官半职吧。"想到这里，他也满怀期待地去了皇宫。

此人一见到朱元璋，立即下跪道："我主万岁！还记得吗？从前，我们两个都替人家看牛。有一天，我们在芦花荡里把偷来的豆子放在瓦罐里煮。还没等煮熟，大家就抢着吃，罐子都被打破了，撒下一地的豆子，汤都泼在泥地里了。你只顾从地下满把地抓豆子吃，不小心把红草叶子也一起吃进嘴里了，叶子哽在喉咙口，苦得你哭笑不得。还是我出的主意，叫你把青菜叶子放在手上一并吞下去，这样红草叶子才一起下肚了……"

这一席话说的朱元璋面红耳赤，周围的大臣想笑又不敢笑，憋得十分难受，朱元璋见他如此不顾体面，不等他说完就叫人将他推出去斩了。

同样是朱元璋的旧友，讲的还是同一件事。一个说话委婉真切，顾全别人的颜面，又将一件小事讲得很有趣；另一个笨嘴拙舌，说话不分场合，把一个原本有意义的事情说得十分低俗。结局可想而知，一个做官，一个被杀头。由此可见，说话一定要谨慎。

行谨则能坚其志

一个人在公共场合谨慎自律很常见，但是在独处时、在没有人监督的场合依旧严格要求行为符合规范则很难。所以，慎独是衡量一个人道德水平的试金石，真正有修养的人，不只是在人前能做到行为规矩、有原则，在独处的时候，亦能做到。

赵盾是春秋时期晋国的卿大夫，他为官清廉，刚正有礼，一生侍奉三朝，维护了晋文公开创的霸业。公元前602年，晋灵公即位，那是一位生性残暴、不施德政、为了一点小事就滥杀无辜的暴君。赵盾身为晋国重臣，见晋灵公如此无道，自然会不遗余力地规劝。然而，他不但没有让晋灵公改掉草菅人命的恶习，反而让晋灵公恼羞成怒，恨上了自己。

有一天，晋灵公派刺客去暗杀赵盾。刺客天不亮就到了赵盾家里，透过微弱的光，看见赵盾卧室的门敞开着，赵盾已经换好了官服，戴好了帽子，规规矩矩地坐在床边闭目养神，等待着去上朝。刺客见状，十分动容，他想："都到这个时候了，赵大人还是那样忠君爱国、安分守己，有这样的好官，真是百姓之福啊！我如果杀了他，对民就是不忠，更对不起自己的良心；如果不杀他，则违背了国君的命令，就是失信，况且国君也定不能饶我。与其在这两难的处境中煎熬，不如死了算了。"

于是，这名刺客一头撞在了槐树上，死了。

赵盾是一个很有操守的人，即便是在独处的时候，举止行为依然谨慎不苟，也因此才感动了刺客，救了自己一命。同时，正是因为无论是在有人还是没人的场合，他都能小心谨慎、奉公守法，所以他为民请命的志向才如此坚定。

善言无瑕，滴水不漏

真正话说得好，毫无瑕疵，就没有一点毛病可挑剔，没有一点可责难的地方，随便哪一句话，都合乎情合乎理。

——南怀瑾

语言是人际交往中必不可少的工具，在人类历史的发展进程中起着至关重要的作用。可以说，几乎每个人都会说话。然而，并不是每个会说话的人都善于说话。说话是一门艺术，也是一种智慧，善于说话的人总能恰到好处地通过语言改变自己的命运，而不善于说话的人却会因说了不得体的话而让自己陷入窘境之中。

那么，怎么才算是善于说话呢？真正的善于说话并不是滔滔不绝，而是在关键时刻说该说的话。就像南怀瑾先生说的那样，“真正话说得好，毫无瑕疵，就没有一点毛病可挑剔，没有一点可责难的地方，随便哪一句话，都合乎情合乎理”，亦即滴水不漏。

言而当，知也

一个人是否明白事理，不在于他有没有说话，也不在于他说了多少话，而在于他的言语是否得当，是否恰到好处。如果他准确地把握了说话的时机，并且内容充实、措辞恰当，那么，他就是一位能说会道的人才。

《晏子使楚》讲述的就是一位善言的外交官，面对别人的刁难，用无隙可乘的话给予对方有力反击的故事。晏子初到楚国时，楚国人见晏子身材矮小，故意在大门旁边凿了一个小洞请晏子进去，晏子正色道："出使到狗国的人才从狗洞进去，今天我出使到楚国，应该从这个门进去吗？"领路的人便不敢再多说什么，直接引领晏子从大门进去了。

由于晏子的机智回答，准备羞辱晏子的谋划失败，楚王很不甘心，待大家都入座后，楚王立即不客气地说："齐国没有人吗？竟派您做使臣？"晏子明白楚王的言下之意，依旧不卑不亢道："齐国首都临淄有七千多户人家，展开衣袖可以遮天蔽日，挥洒汗水就像下雨一样，人挨着人，肩并着肩，脚尖碰着脚跟，怎么能说齐国没有人呢？只是齐国派遣使臣，各有各的出使对象，贤明的君主就派遣贤明的使臣，无能的君主就派遣无能的使臣，我是最无能的人，所以就只好出使楚国了。"一番话又将楚王说的哑口无言。

两次交锋都败下阵来，楚王依旧不死心，他给属下使了个眼色，立即有人绑着一个犯人从晏子面前经过。楚王故意问："这是什么国家的人，犯了什么罪？"下属回答说："齐国人，犯了盗窃罪。"楚王用挑衅的眼神望向晏子，说："齐国人本来就善于盗窃吗？"晏子笑着反问说："橘子生长在淮河以南就是橘子，生长在淮河以北就变成枳了，只是叶子的形状相像，果实的味道却大不同。其中的原因是什么呢？是水土不同。现在老百姓生活在齐国不偷窃，到了楚国就偷窃，莫非是楚国的水土使得老百姓善于偷窃？"楚王听罢，脸上一阵红一阵白，只得尴尬地赔笑说："圣人不是能同他开玩笑的人，我自讨没趣了。"

晏子出使楚国，代表的是自己国家的形象，他之所以能在这场外交中获得胜利，关键在于他"善言"——他头脑清醒，不卑不亢，每句话都柔中带刚，掷地有声，让人不能忽视且无法反驳。

无声之声，其响如雷

正所谓，“言而当，知也；默而当，亦知也”。真正聪明的人会在该说话的时候说话，该沉默的时候沉默。有时候，擅长辞令的外交家也会说错话，那就不如适当地保持沉默，有意地隐藏智慧、实力以及自己内心真实的想法。

相传，冒顿当了单于之后，东胡屡次来犯。第一次，他们派出使者对冒顿说：“我们想要得到千里马。”群臣皆反对，让冒顿不要给，冒顿却说：“怎可吝惜一匹马呢？”于是没有争辩什么便将千里马送给了东胡。又过了一段时间，东胡首领见冒顿如此沉默，以为他怕自己，于是再次派出使者索要一个阏氏（汉时匈奴单于之正妻的称号）。大臣们又是极力反对，说：“东胡越来越过分，竟然想要阏氏，请出兵攻打他！”冒顿又是什么话都没有说，便把自己喜欢的女子送给了东胡首领。东胡首领见冒顿如此软弱，越发骄横，不断向西进犯，竟第三次派出使者来向冒顿索要东西。这次他要的不是别的，而是东胡与匈奴之间的一块无人居住的空地。就在大家以为冒顿又会像前两次一样答应东胡首领的时候，冒顿却勃然大怒，说：“土地是国家的根本，怎可给他们！”于是冒顿杀掉了那些说给东胡空地的人，又命令大家出击东胡，如有后退者就杀头！就这样，冒顿带领大军攻打东胡，毫无防备的东胡兵挫地削，溃不成军。

冒顿前两次的沉默看似没有声音，实际上却产生了不同凡响的效果，不但隐藏了自己的实力，成功麻痹了敌人，让敌人失于防范，同时又激怒了国内的将士，让大家对东胡的仇恨情绪增长到最大，战争一开启，匈奴就一举制服了东胡。

言多语失，多言数穷

只有中心虚灵常住，不落在有无、虚实的任何一面，自然可以不致屈曲一边，了了常明，洞然烛照。这便是“多言数穷，不如守中”的关键。

——南怀瑾

提起“言多语失”这个词，我们很容易想起两种动物来，一种是在池塘里无所事事、整日整夜叫个不停的青蛙，一种是在家里乐天知命只在天亮时才鸣叫的雄鸡。然而，尽管青蛙每日叫得口干舌燥，依然没有人去在意它、喜欢它，反而认为它很聒噪，而雄鸡每天只叫上两三遍，人们却很注意它，并根据它的打鸣时间来开始一天的劳作，称它为报晓金鸡。为什么会这样？道理很简单，话说多了就会影响、限制和羁绊自己的行动，遭人反感。

对于这一点，南怀瑾先生在《老子他说》中说得很透彻：“老子所说的‘多言数穷，不如守中’的话，并不完全是教人不可开口说话。只是说当说的，不可多说，不可不说。便是‘言满天下无口过’，才是守中的道理，才与后文老子所说‘善言无瑕谪’的意旨相符。”

处世戒多言，多说无益

整日里说太多废话的人，会因浪费自己和他人太多的时间和精力而降低自己在别人心中的分量。此外，说话不谨慎常常会给我们带来灾祸，要么伤人，要么伤己。所以，在与人交往的过程中，我们要善于控制自己的言语，不该说的话坚决不说，该说的话不多说。

杨修是东汉末年的文学家、曹操帐下的谋士，十分聪慧，学问渊博，被曹操任命为主簿，但是他有一个毛病，就是话太多，爱逞能。有一天，曹操要修建一座花园，建好之后他过来参观，看完之后，随手在门上写了一个“活”字，便走了。工匠们不知道丞相什么意思，不敢继续施工，只见杨修走过去，对那些工匠们说：“‘门’里面加个‘活’字，就是‘阔’字，丞相是嫌这里太阔了。”

又过了几天，有人给曹操送了一盒点心——“一口酥”，曹操没有吃，只是在盒子上写了一个“合”字，众人又是不解，也不敢问。杨修见状，立即走过去让众人分吃了这些“一口酥”。曹操知道后，问：“是谁让你们吃的？”杨修得意地答道：“是丞相让我们吃的。”曹操问：“我什么时候下的命令？”杨修笑着说：“丞相在盒子上写了个‘合’字，拆开来念就是‘一人一口’，所以是丞相您让我们吃的啊。”曹操听了，无言以对，但是对杨修妄自揣度自己的心思已经有了几分怒意。

还有一次，曹操率领大军在斜谷驻扎，此时粮草不支，进退两难。一天，夏侯惇请示夜间口令，曹操正在吃鸡肋，就随口说了句：“鸡肋，鸡肋。”夏侯惇听完便传令去了。这场简单的对话刚好被杨修听到，他就又故作聪明地跑去对夏侯惇说：“赶紧收拾东西吧，丞相要退兵了！”夏侯惇大惊，忙问原因，杨修说：“鸡肋者，食之无味，弃之可惜。吾等进不能胜，退又怕人耻笑，可见将要退兵了。”夏侯惇一听有理，就命令大家开始收拾东西。曹操饭后出来巡视军营，见将士们全无斗志，还有人正在收拾东西准备撤军，忙问原因，当得知是杨修多嘴后勃然大怒，说："杨修假传军令，扰乱军心，拖出去杀了。"

杨修遭致杀身之祸就是祸从口出造成的，他看似聪明，实则并不聪明。如果他懂得"言多必失"的道理，明白世人对自作聪明、言语过多之人的讨厌，就会收敛自己的狂放行为，压抑自己的表现欲望。

不言之教，影响深远

事实上，品德高尚、博学多才的人不必自我夸耀，也自然会受到世人的尊重和敬仰，他本身的言行更会给别人带来积极的影响。相反，如果一个人本身就没有什么修为，即便他再怎么热心地教育别人，也不会产生太大效果。所以，不言之教有时候更加耐人寻味。

诸葛亮从小志向远大，很是注重在德、才、学三方面下功夫。经过数年的苦心修炼和提高，他成了一位德才兼备、学富五车的有识之士。他在《诫外甥书》中写道："夫志当存高远，慕先贤，绝情欲，弃疑滞，使庶几之志，揭然有所存，恻然有所感；忍屈伸，去细碎，广咨问，除嫌吝，虽有淹留，何损于美趣，何患于不济！"如果志向不高远、不坚定，则会出现相反的后果："若志不强毅，意不慷慨，徒碌碌滞于俗，默默束于情，永窜伏于凡庸，不免于下流矣！"

诸葛亮是这么说的，也是这么做的，不论是对自己的外甥或是自己的儿孙，他都严格要求，并且以身作则，行不言之教，为后代做榜样。蜀国建立之后，诸葛亮虽然贵为丞相，一人之下，万人之上，可他从来不搞特殊，从来不仗势欺人。多少年来，他对上忠于职守，对下体恤民情，对自己严格要求，生活简朴。他在给后主（刘禅）的表上写道："成都有桑八百株，薄田十五顷，子弟衣食自有余饶。至于臣在外任，无别高度，随身衣食悉仰于官，不别治生，以长尺寸。”如此清廉的丞相，古往今来不多见。

此外，诸葛亮坚决不允许自己的子弟搞特殊。相传，诸葛瑾的儿子乔过继给诸葛亮后在蜀国做驸马都尉，本可以在成都安居享乐，可是诸葛亮每次外出打仗，都让乔及诸子弟一起随军效力，大家同甘共苦，谁也不能因为自己的关系而享受特殊照顾。

正所谓：“桃李不言，下自成蹊。”诸葛亮不搞特殊化，让自己的子弟们在一种平等和谐的环境中长大，不仅有利于他们对人生的认识，而且有助于培养他们的独立意识，而诸葛亮本人的高洁作风也为子孙们树立了良好的榜样，可谓是行不言之教的典范。

君子之交，亲疏有度

好朋友不是酒肉朋友，不是天天来往，平常很平淡。但这并不是说冷漠无情，碰到困难，或生病之类的事，他就来了。

——南怀瑾

人与人之间的交往要亲疏有度，过于亲近会给生活和工作带来困扰，而过于疏远又会显得不近人情。正所谓“君子之交淡如水，小人之交甘若醴”，在世人眼中，互相宽怀、互不苛求，不妒不黏，无利益之争，志同道合、始终如一，看似像白开水一样平淡无味，却也让人感到舒服的交往才是君子之交；而抱着实用主义的心态交友，有利益时则亲密无间，无利益时则过河拆桥，这种交情就是小人之交。

南怀瑾先生认为，真正有修为的人，既不会让别人特别想要亲近自己，也不会让别人特别想要疏远自己；既没有特别的蒙利，也没有特别的受害，永远站在真正的中庸之道上。总结起来，就是没有亲疏，没有利害，既不清高也不卑下，既不骄傲也不自卑，永远是中和之道。

君子不以权贵决定亲疏

君子之间的交往，不含功利心，不会相互利用，纯属在志同道合的基础上建立起来的高雅纯净、清淡如水的友谊，因此不需要刻意讨好。即便平日里没有密切的交流，但是当一方需要帮助时，其他人总会及时地出现在他面前；而当他富贵时，其他人却不会像小人一样去攀附。

薛仁贵是唐朝名将，在他功成名就之前，曾经过过一段贫苦的日子。那段时间，他与妻子无处可去，只能住在一个废弃的破窑洞里，衣食都没有着落，然而却没有人肯帮助他们，直到有一天薛仁贵有幸结识了王茂生夫妇，才凭借他们的救济勉强度日。后来，薛仁贵应征入伍，征战数十年，立下了赫赫战功，被封为“平辽王”。一朝显贵，那些从前不把薛仁贵看在眼里的人纷纷过来巴结奉承，送礼之人络绎不绝。然而，薛仁贵都一一回绝了。他只从众多的礼物中选出普通百姓王茂生送来的酒留了下来。手下人打开美酒让薛仁贵品尝的时候，才发现坛子里装的并不是酒，而是清水。下人们大怒，立即上禀薛仁贵说：“王爷，此人以水代酒送礼，如此明目张胆地糊弄王爷，请王爷重重地惩罚他！”薛仁贵却不以为然，他命令下人拿来一个大碗，从坛子中倒出清水，一饮而尽，说：“我过去落难时，全靠王兄弟夫妇经常资助，没有他们就没有我今天的荣华富贵。如今我美酒不沾、厚礼不收，却偏偏要收下王兄弟送来的清水，因为我知道王兄弟贫寒，送清水也是王兄弟的一番美意，这就叫君子之交淡如水。”此后，两家的关系更加亲近了。

在薛仁贵落难时，王茂生夫妇对他的帮助是无私的、不图回报的。当薛仁贵富贵时，王茂生夫妇依然没想过从薛仁贵那里得到什么利益。这种情谊，才是难得的真情，薛仁贵正是明白其中的道理，才视王茂生送来的清水胜过一切金银珠宝。

别让亲情凌驾于道义之上

真正品德高尚的君子，不会将亲情凌驾于道义之上，因为他们明白，越是亲近的人，越是要尊敬，而不能依仗着自己与他人之间的亲密关系而做出违反道义、让对方为难的事。

唐朝大将郭子仪就是一位善于掌握“亲疏度”的人。在平定叛乱、保卫大唐江山社稷方面，他居功至伟，唐代宗欣赏他的为人，作为回报，将自己的女儿升平公主嫁给了他的儿子郭暖。如此一来，郭子仪的地位就更加显赫，从大臣变成皇亲国戚。

郭子仪并没有因为自己成了皇上的亲家而骄傲自满。相传，他在驻守汾州时，曾经奏请任命一名州内的县官。然而，他左等右等，朝廷迟迟没有给予答复。这时候，他的幕僚们沉不住气了，对郭子仪说：“凭着令公的功绩，奏请任命一个小小的属官竟然不从，朝廷怎么这样不识大体！”然而，郭子仪却不怒反笑，他平静地对大家说：“自从兴兵平定叛贼以来，各方藩镇武官大多飞扬跋扈，大凡他们有什么要求，朝廷常常委曲求全而顺从他们。朝廷这么做没有别的意思，只是对他们不放心啊。现在我奏请的这件事，皇上认为不能办而搁置下来，这表明皇上不把我看得同一般武官一样，这是亲近厚待我啊。你们应该恭喜我呀，还有什么值得奇怪的呢？”

相比较别的官员，郭子仪和皇帝的关系更为亲密，但郭子仪心里明白，国事是国事，家事是家事，不能因为自己和皇上之间的亲戚关系而破坏朝廷的规矩。所以，他不认为皇上这么做是冷落他，反而认为是厚待他，足以看出郭子仪的智慧。

人情值千金：不可不懂的人情世故

人情世故不是简单的圆滑处世，不是假意的虚伪逢迎，不是单纯地屈服于现实，而是真正懂得生活的意义，安详地走完自己的人生。

——南怀瑾

人生在世，都离不开交际，要想在与人交往的过程中轻松愉快，就要或多或少地懂得人情世故。从这方面来说，人情世故就是为人处世的方法、道理、经验和原则，是一种社交能力，需要在生活中不断地培养和历练。然而，很多人并不重视对人情世故的培养，认为那是教人偷奸耍滑的不正经东西，这种认识是错误的。事实上，人情世故是教人适应环境，活得充实，通过自己的交际能力与人建立和谐稳定关系的能力。

南怀瑾先生说，我经常感觉这二十多年在台湾长大的这些青年，大学毕业了，乃至研究生也毕业了，这二十多年中，从幼稚园一直到研究生，连一步路都不要走。在这么好的环境中长大，学位是拿到了，但因为太幸福了，人就完蛋了，除了能念些书，又能够做些什么呢？人情世故都不懂。真正要成大功、立大业、做大事的人，一定要有丰富的人生经验。

宽恕别人才能更好地周全自己

古人云："以责人之心责己，则寡过；以恕己之心恕人，则全交。"意思是说，如果我们能够以要求别人的标准来要求自己，那么过错就会少很多；同样，如果能以宽容自己的心态来宽容别人，那么真心的朋友就会多很多。通达人情的人总是能够适时地宽恕别人，最终成全自己。

曹操是个深谙人情世故的人，为了一统天下，他能忍常人所不能忍之事。袁绍在攻打曹操之前，为了给天下一个交代，就让文臣陈琳写了一篇《讨贼檄文》辱骂曹操。陈琳是一个十分有学问的人，他文不加点，一篇揭露曹操罪状的文章写得酣畅淋漓。在文中，他不但对曹操进行了剖析，把曹操说得一无是处、腌臜不堪，还连同曹操的父亲、祖父一并骂上了，说他们为非作歹、伤化虐民、兴风作浪，骄横放纵、勾结权势、篡夺皇位等，此文一出，世人哗然，陈琳也因此名扬四海。

官渡之战后，袁绍大败，曾经痛骂曹操的陈琳此刻也成了刀板上的鱼肉。大家都以为陈琳必死无疑，曹操却并没有杀他，而是问他："陈琳啊，你骂我也就骂了，可是为什么连我的祖宗八代都要骂上呢？他们又没有招惹你。"陈琳胆战心惊地跪在地上，说："食主俸禄，为主分忧，箭在弦上，不得不发。"曹操知道陈琳说的是心里话，也敬佩他对旧主的忠心，于是屈身扶起陈琳，为他拍去膝盖上的土，又蹲下身去，帮他系上松散的鞋带，并承诺让他留在身边效力。此时，陈琳已经感动得说不出话来，旁人看在眼里也是无比动容。

一件小事足以看出曹操深谙人情世故，他此举不但让陈琳感恩戴德，全心全意辅助自己，而且向世人展示了自己的宽广胸怀。以后，天下有才能的人看到曹操连曾经痛骂过自己的人都能原谅，就更愿意投靠曹操了。曹操这简单的一拍、一蹲、一原谅，看似无意，实则深藏人情世故的道理。在适当的时机表露对下属的宽容和尊敬，最终成功拉拢人心，成全的还是他自己。

聪明人懂得换位思考

南怀瑾先生说，中国人所谓的“人情世故”，是指了解人的情绪、思想的常律及其变化，而能够应对得当。想要了解别人的情绪、思想的变化，就要学会换位思考，要善于站在别人的立场思考问题，能够设身处地地为别人考虑，然后再做出得体的应对。

项羽是一个头脑简单且自私自利的人，无论遇到什么事，他总是很感性地从个人的好恶出发，完全不懂得为别人考虑，所以他的失败和他不懂人情世故有着很大的关系。在著名的鸿门宴上，有个刚出场就谢幕的人物——曹无伤，可以说他就是因项羽情商低下而牺牲的炮灰。

刘邦刚驻军灞上，还没有和项羽会面的时候，刘邦的下属曹无伤便偷偷派人向项羽禀报说刘邦想要称王。项羽听了十分恼怒，不问事情是否属实就下令要攻打刘邦。项羽的谋士范增也趁机劝项羽抓住机会，攻打刘邦，以免留下后患。

刘邦辗转得知项羽要攻打自己，他审视自己的处境：军队只有十万人，项羽的军队有四十万人，敌强我弱，硬碰硬肯定吃亏。于是，他让张良请来项伯，表明自己从来没有想要称王的心思，而是在登记所有财物等着项羽的到来。希望项伯代为转告项羽，不要误解了自己。

第二天早上，刘邦带人亲自拜见项羽，并向项羽谢罪说：“我和将军合力攻打秦国，将军在黄河以北作战，我在黄河以南作战，但是我没有料到能先进入关中，灭掉秦国，能够在这里又见到将军。现在因为小人的谣言，使您和我产生误会。”项羽见刘邦如此诚恳，自己也有些不好意思，为了自证清白，他立即出卖了曹无伤，说：“这是沛公的左司马曹无伤说的，如果不是这样，我怎么会这么生气？”刘邦从鸿门宴逃脱后，立即杀掉了曹无伤。

项羽不懂人情世故，不会为别人考虑，出卖为自己提供消息的人，致使自己少了一个眼线不说，还堵死了别人为他通风报信的路。曹无伤的事虽然只是其中一个缩影，却将项羽愚蠢自私的个性展露无遗，正是这一件件的小事，导致了他兵败自刎的结局。南怀瑾先生说，人有情绪，有他的需求，凡事联想到他人的需要，推己及人，相互谅解，互通有无，这才叫人情。

第四章

南怀瑾谈道学中的领导艺术：

不盈不满，雅量容天下

南怀瑾先生博学多才，深谙帝王制衡之术，对现代领导学也有着独到的见解。关于做领导的艺术，他能够“站在圣人的肩膀上”举一反三，敏锐地指出古往今来上层领导在带领团队工作的过程中常犯的错误及必须拥有的品德。学习本章内容，对照圣贤们治国的谋略，分辨自己存在的错误，找出自己与圣贤们之间的差距，以便在今后的工作中运筹帷幄，统领大局。

贤者用人，故智尽而不乱

创业，做个领袖，成功的难处在哪里？在知贤，认得人，这人是不是人才，要看得准，拿得稳。

——南怀瑾

南怀瑾先生在《列子臆说》中提到一首湖南才子易实甫先生所写的悼念项羽的诗，说这是历代人悼念项羽诗中最有味道的一首，全诗内容是：“二十有才能逐鹿，八千无命欲从龙。咸阳宫阙须臾火，天下侯王一手封。”为何这首诗最有味道？南先生认为它写出了项羽的自奋，承认项羽本人是有本事的，并且间接地指出了一个有本事的人之所以失败，全在于不会用人。

一个真正会做领导的人，明白“会用人”比“自身能干”更重要的道理。如果会用人，即便是自己年龄大了，或者自己的智力不够了，事业也不会衰乱，因为可以培养年轻的或者更加有智慧的人来完成需要完成的工作。否则，即便是像项羽一样有本事的人，也会因自身的局限而失去自己的疆土。

用人如器，各取所长

做领导的要善于发现人才的长处，然后再依据这个人的特点将其放在合适的位置上，就像使用器物一样，要按照器物的特有功能来使用。如此，就可做到扬长避短，充分发挥人才的作用。

刘备就是一位善于用人的领导。他年少时家贫，以织席贩履为生，但是他性格敦厚，为人仗义，十分喜欢结交朋友，因此有很多豪杰志士愿意归服于他。他的下属中，文有名满天下的卧龙先生诸葛亮、凤雏先生庞统，武有侠义肝胆、至死追随的张飞、关羽、赵云。

在用人方面，刘备知道每个人的特长和缺点，于是给他们分配了不同的任务。诸葛亮与庞统智谋过人、精于算计且为人忠诚，所以任命此二人为军师，每逢战事，全军上下包括自己在内都要听从军师的差遣。张飞、关羽、赵云三人雄壮威武，能征善战，是做将军的材料，于是任命这三人为将军，协助军师铸就蜀国帝业。因此，尽管刘备本人的才能在三国名将能臣中并不出众，却也以极其低的起点在庞大的诸侯群中成为了后起之秀。

诸葛亮在“上方谷司马受困”一回中曾叹道:“谋事在人，成事在天。不可强也！”自古以来，成大事者最重要的就是在用人方面的才能，努力发现并培养下属的优势，顺势而为，才能水到渠成，成就大业，万不能明知不可为而为之，逆天行事最终只会以悲剧结尾。

疑人不用，用人不疑

身为领导，在用人方面最忌讳猜忌。如果你决定任用某人，就要相信他的忠心、相信他的能力，不能一边怀疑一边任用，只有先让下属感受到你的真诚和信任，他才会尽心尽力地工作。

冯异原是新朝颍川郡掾，后来归顺刘秀，成为刘秀手下的得力将士，不但对刘秀忠心耿耿，而且智勇双全，每每随刘秀出征，总能立下战功。

建武三年，赤眉军在回溪重挫冯军，冯异却在崤底的渑池大破赤眉，就连刘秀都为冯异的军事天赋所折服，夸赞他道："赤眉破平，士吏劳苦，始虽垂翅回溪，终能奋翼黾池，可谓失之东隅，收之桑榆。"

冯异战功赫赫，却从不夸耀，每次征战间隙，将领们聚在一起聊天，各自夸耀自己的战功时，冯异总是一个人躲到大树下面，因此得名"大树将军"。冯异治军有方，且谦和有礼，士兵们都喜欢在冯异的队伍中作战。然而，无论怎么低调，当冯异的权力一日比一日强盛的时候，还是引起了一些同僚的嫉妒。有人多次上书刘秀，诋毁冯异，称其在河北和关中一带深得民心，百姓只知道有冯异而不知道有刘秀，甚至还尊崇冯异为"咸阳王"。

冯异深谙人情世故，明白自己的处境——手握兵权又天高皇帝远，难免会被猜忌。为了打消刘秀的顾虑，他三番五次上书请求交回兵权，调回洛阳。但是，当时的局势确实很混乱，只有像冯异这样有胆识的大将才能镇守住西北地区。为了打消冯异的顾虑，刘秀将朝中诋毁冯异之人写的书信交到了冯异手中，以表明对他深信不疑。当冯异再次上书表忠心的时候，刘秀又回信道："将军之于我，于公义上讲是君臣，于私恩上讲如父子，我怎会对你有猜忌？你又何须担心呢？"

历史上的开国功臣一般免不了两种结局：一是功高震主，引得皇上猜忌，最终落个斧刀加颈的下场；二是封官加爵，天下太平，大家团结一心使国力日盛。而究竟会有哪种结局，全在于君王是否有猜忌之心。刘秀身为一国之君，能够在众人非议的情况下放下猜忌，真正做到"用人不疑"，也足以看出他的胸怀。如今，现代的领导们，面对才干突出的下属应给予足够的信任，而不是嫉贤妒能，害怕对方的能力超过自己，这样才能让下属放开手脚，更加努力地完成好工作任务。

说话，高位者的必修课

一个人做一件事情、讲一句话，就像是自己的第二生命，因为大家都看到他的影像了。

——南怀瑾

在各种各样的人际交往中，说话非常重要，尤其是对于领导来说，会说话的领导能轻松地表达出自己的观点，愉悦地与他人相处，进而齐心协力做好工作；而不善言辞、笨嘴笨舌的领导则会经常陷入自己亲手挖好的“陷阱”里。所以，人们常说，好运气总是伴随在“会说话”的人左右，因为好的语言表达能力本身就是一种难得的财富。

同样的观点，南怀瑾先生在《列子臆说》中也有所表达，他说:“说话非常困难。尤其是古代的帝王时代，一个好的建议或者一个批评，讲的时候就要做好被杀头的准备。话讲对了，也许只是‘片言’，却可能立刻晋入卿相之位；拿现在讲，几句话就可以入阁，甚至当部长以上的官，所以说话很难。”南先生的这段话，我们可以这样理解，向帝王提出建议或批评的人很可能有两种极端的结局，一种是加官晋爵，一种是掉脑袋，关键就在于会不会说话。

善于辞令的人能将风险化于无形

古人云:“一言以兴邦,一言以丧邦。”意思是说,关键人物的一句话有时候可以使一个国家兴旺,有时候也可以使一个国家衰败。从这个层面来说,语言真是个神奇的东西,它既能化作伤人的利剑,又能化作救人的良药,而只有“会说话”的人才能妥善掌握其中规律并合理运用到生活中。

在新版的《三国演义》中,孙权有一段话说得特别好,让人记忆深刻。

当时诸葛亮过江劝说孙权连刘抗曹,东吴文武分为两派。一派主张投降,认为诸葛亮此举是为了借东吴之兵驱赶自己领土上的敌人,是在利用东吴;而另一派主张抗战,他们认为,孙刘两家唇亡齿寒,刘备一旦被曹操所灭,东吴必然支撑不了太久。

孙权自然明白诸葛亮的用心,但他也知道,孙刘联盟是大势所趋,是东吴存活下来的不二选择,因此他只能主战。只是,想要战胜曹操这一外敌,首先就要解决东吴文武政见不一的内患。

为了安抚“主降派”,当他决定连刘抗曹后,认命主降派的头目张昭为总提调官,掌管江东大军所有后勤供给。当张昭面带愧色的对孙权说:“主公,你忘了,我曾经建议……”孙权言辞恳切地说:“你曾经建议降曹,但我明白,我江东文武,无论主战还是主降,都是出自一片忠心,都是为了我江东的百年大业着想。师叔,我江东六郡五十四县,所有的赋税、钱粮、田亩、子民、无一不在你肚子里装着……”

就这样,孙权的一番话让以张昭为首的主降派感动得声泪俱下,不但改变了江东群臣不和的局面,化解了分裂的危机,使江东上下一心,共同抵御曹操的进攻，还使江东文武认识到他的领导才能，进而对他更加忠心和钦佩。

聪明的人说话时会顾及别人的面子

很多人对说话有种错误的认识，认为只要自己讲的是事实，就可以随意说，一点儿也不顾及别人的颜面。这种理解过于片面，因为人都有情绪，若只图一时口快而说出让人没面子的话，最终只会让大家对自己敬而远之。

有这样一则寓言故事，讲的就是说话不顾及别人感受会对他人造成伤害的情形。

有一头在和同伴的搏斗中受伤的大熊，又饿又累，来到守林员的小木屋外请求帮助。

守林员见天色已晚，这只熊的伤口还在流血，就收留了它。

他把熊领进屋子里，小心翼翼地帮它清理并包扎伤口，又给它端来了丰盛可口的食物，还为它燃起了暖和的火炉。

这一切，受伤的熊都记在心里，打算有机会报答守林员。

然而，到了晚上，由于屋子里只有一个床，守林员便邀请大熊一起入睡。就在这时，守林员闻到了大熊身上怪异的味道，忍不住大叫道："天呐，世界上竟然有这么难闻的味道，你真是臭死了！"

大熊没有说什么，却背过身去默默地流下了眼泪。勉强熬到第二天早上，大熊向守林员表示感谢后便上路了。

一晃过了多年，守林员和大熊在一个偶然的机会相遇了，守林员关切地问："嗨，伙计，身上的伤口好了吗？"

大熊说：“身体上的伤早好了，但是心灵上的伤却一直无法痊愈。”

俗话说：“良言一句三冬暖，恶语伤人六月寒。”所以，我们在说话之前，一定要先动脑子，多考虑别人的感受。尤其是做领导的，在下属心中的分量比较重，一句温暖的话很容易成就一个人，同样的，一句伤人的话也很容易毁掉一个人。如果仗着自己领导的身份，总是不顾虑下属的感受，居高临下地跟下属说话，时间长了，便会在团队中丧失威信，成为孤家寡人。

精明能干就能成功吗

一个太精明的人，学问很好，永远是帮人家当手下的，不会当上老板，因为太精明。

——南怀瑾

有人说，精明的最高境界就是抱朴守拙，就像南怀瑾先生在《列子臆说》中提到的一个笑话，里面的四川人常说“面带猪相，心头明亮”，这句话看似粗俗，其实却蕴藏着深刻的做人艺术：那些看起来呆头呆脑的什么都不懂，其实心中什么都明白的人反而更容易成大事。所以，南怀瑾先生说：“你到社会上看，凡是糊里糊涂的，会发大财。”

做领导更要如此，聪明的领导者看起来“愚拙”，好糊弄，实际上内心无比清明，只是看破不说破而已。如此，既能保持应有的风度，处理好团队内部的关系，又能给下属留足面子，让其信服，还能隐藏锋芒，减少潜在的嫉妒和隐患。

真正的精明是让人感受不到他的精明

俗话说：“水至清则无鱼，人至察则无徒。”表现得太过精明的人，做人太高调，很容易给周边的人带来压力，往往会因此而失去伙伴。所以，真正精明的人往往善于装成愚笨的样子，让人感受不到他的精明，从而营造一个轻松愉快的相处氛围，于人于己，都是有益而无害的。

宋太宗赵光义就是一个真正精明的人。据《宋史》记载，有一天宋太宗和朝中的两位重臣在后花园喝酒，酒过三巡，菜过五味，这两位重臣越喝越开心，直到喝得酩酊大醉，竟然毫无顾忌地在宋太宗面前攀比起功劳来，各自都说自己对国家的贡献最大，越比越来劲，干脆斗起嘴来，完全忽略了在皇帝面前邀功是做臣子的大忌，同时也失去了在皇上面前应有的礼节。

旁边的侍卫见他们如此放肆，奏请宋太宗治他们二人的罪以示惩戒，宋太宗不但没有同意，反而派人把他俩送回了家。直到第二天，这两个人从沉醉中醒来，依稀记起昨天的事，才知道自己闯了大祸，万分恐慌，连滚带爬地来到皇宫向皇上请罪。宋太宗看着他们已经知错，并没有深究，只是轻描淡写地说："昨天我也喝醉了，记不起这件事了。"就这样，宋太宗给他们二人找了个台阶下，既没有处罚他们，也没有失了皇家的威严。而这两位重臣知道这是皇上故意给自己留的面子，更加愿意倾尽所有为皇上效力。

在宋太宗看来，每个人都有贪图名利的弱点，这两位大臣只是逞了一时口快，并没有恶意，没必要上纲上线。他以一句"我也喝醉了"的托词赦免了他们的罪，既体现了领导的仁厚与睿智，又保全了下属的面子，为日后轻松相处留足了余地，臣下在感念他的恩德之际肯定更愿意为国尽忠，为他效犬马之劳。所以，宋太宗此举，可谓"精明至极"。

精明在心里，糊涂在脸上

我们开头所说的那句四川俗语"面带猪相，心头明亮"其实就是分辨一个人是否真的精明的重要标准。很明显，真正有智慧的人一定是把精明藏在心里，而把糊涂露在脸上的，而自以为精明的人则恰好相反，他把精明展现在脸上，其实内心无比糊涂。

说到这里，我们很容易想起三国时期的许攸。众所周知，在“官渡之战”中，许攸背叛袁绍投靠曹操，为曹操平定冀州立下了汗马功劳。从此，许攸就走上了一条轻狂傲慢的不归路。他屡屡恃才傲物，目中无人，更轻慢地直呼曹操的小名，他以为这是自己和曹操有着发小关系及立功之后应该享有的特权，是别人都没有的尊荣。但是，他忘了如今自己和曹操的差别以及曹操现在的地位。曹操身边的臣子见许攸如此狂妄无礼，都十分愤怒，但是碍于许攸的“精明能干”，都不敢拿他怎么样。直到有一天，许攸在东城门遇到了大将许褚，又开始炫耀自己的才智及昔日的战功，大呼：“若没有我，尔等能进得了这冀州城乎？”许褚愤怒地驳斥道：“我们千生万死，身冒血战，才夺得城池。你怎么胆敢这样夸口呢！”许攸这时候仍然不知悔改，反而得意地讽刺道：“你们都是匹夫，没有什么了不起。”许褚听后大怒，拔剑把许攸杀死了。而曹操知道此事后，并没有让许褚付出实质性的代价，只是深责之以堵天下悠悠之口。

许攸能帮助曹操以少胜多，夺取冀州城，以军事谋略而言，确实是一个不可多得的人才。然而，他却不懂得为人处世之道，更不懂得怎么跟君主相处。他的狂妄已经威胁到了曹操为人主的尊严，他的精明已经让他摆不正自己的位置，所以他是精明在脸上而糊涂在心里。曹操爱才，但是决不允许别人挑战他的威严，故而攻城之后，许攸成了曹操欲杀之而后快的第一人。

开拓眼界，由观身到观天下

生命的道理是“以身观身”，从自己身体里面的道理来观察自己，找出一个真理。所以重要的在一个“观”字。

——南怀瑾

在道家看来，天下的大道都是相通的，原理都是一致的，善于观察的人可以由此及彼、推己及人。古代传统知识分子所尊崇的“修身，齐家，治国，平天下”的信条，彼此之间也是由小见大、逐渐递进的关系。因此，在一个团队中，合格的领导可以由一个人的修养水平推知整个团队的修养水平，由一个组织的管理水平推断出其他组织的管理水平，进而根据这个思路了解整个行业。

南怀瑾先生在解读“故以身观身，以家观家，以乡观乡，以国观国，以天下观天下”这句话时，说：“读《老子》是读活的书，上古人们的智慧，是从生活经验来的。现在讲到‘以身观身’，这个‘观’不是荣观，荣观之‘观’和这个观身之‘观’是不同的。观身是观察的‘观’，是省察的意思。”所以，无论是观身还是观天下，最重要的是做好“观”的动作，学会推断和自省。

有时候小细节可以预知事物的发展

古人云："一叶落而知秋至，一水凝而知冬寒。"很多时候，细微的东西往往代表着事物的发展方向，如果用心观察，就可以通过细微的迹象来预测未来事物的发展趋势与可能产生的结果。因此，无论什么时候，我们都应该注意观察细节，避免"差以毫厘，失之千里"的悲剧的发生。

箕子是殷商末期人，商纣王的伯父，与微子、比干齐名，史称"殷末三贤"。他在辅政期间，特别善于观察。有一日，他看到商纣王命工匠用象牙为他制作筷子，十分担忧。他认为，既然纣王用了稀有的象牙做筷子，就不会再用从前的陶制土烧杯盘碗盏，而会换成玉石打造成的精美器皿。餐具一旦换成了配套的象牙筷子和玉石碗盘，自然就不肯再吃从前的普通食物，而是要千方百计地享用山珍海味。既然开始吃山珍海味了，那么在住的方面，他肯定也不愿再将就，要把原来的茅草屋换成富丽堂皇的琼楼玉宇。吃住都开始奢靡之后，穿的也必然由原来的粗布衣裳变成绫罗绸缎了。果不其然，纣王身边的侍从告诉箕子："大王正准备盖楼阁呢！"

箕子说："以小见大，见微知著，由纣王自身的表现可以推断，商朝不会长久了，亡国之祸即将到来。"箕子越想越害怕，在多次劝谏纣王不要太奢靡均无济于事之后，自觉无力回天，干脆披头散发，装疯卖傻，归隐山林。

后来，事情的发展果然如箕子预想的一样，不出几年时间，纣王就荒淫无道到了人神共愤的地步。他多方收集新奇的玩物，填满整个皇宫，把鹿台堆满银钱，把大到可以划船的酒池倒满美酒，又扩建园林，捕捉野兽飞鸟，把肉悬挂起来当树林，让男女赤身裸体在其间追逐玩乐。结果可想而知，国家灭亡，纣王不得善终。

机遇更偏爱善于推理的人

生活中，很多事情是可以通过了解某一事物的变化、趋势和规律来推出同类的其他事物的变化、趋势和规律的，也就是我们所说的触类旁通。因此，聪明的领导者能够透过事情复杂的表面，找到其简单的本质，再细心观察，严谨推理，即便只求诸于己，也能抓住机遇。

田忌是战国时期的齐国名将，后来因为与齐相邹忌不睦而投奔了楚国。有一次，楚王问计于田忌："齐国和楚国交战，楚国如何才能取得胜利？"田忌想了想，回答说："齐国如果派申孺为将，楚国只需要出动五万兵马，派上将军率领即可获胜。齐国如果派田居为将，楚国就要出动二十万人马，派上将军率领，才能获胜。齐国如果派眄子为将，楚国就要出动全国兵马，由大王您亲自率领，我跟随上将军担任左司马，这样才能使国家幸免于难。"

后来，齐国和楚国之间果然爆发了战争。齐国先是派申孺为将，攻打楚国。楚王按照田忌此前的说法，由一名上将军率领五万兵马出城迎敌，不久就提着申孺的首级凯旋了。第一战，齐国败。

齐王本不将楚国看在眼里，现在派去的大将居然被楚军所杀，不禁恼羞成怒，立即派大将眄子率军征讨楚国。楚王按照田忌之前的说法，亲自率领全国兵马，携田忌及上将军，全力拼杀，最终才勉强抵挡住眄子的进攻。

战后，楚王向田忌请教："先生，为何你很早就知道战争的结果呢？"

田忌笑道："我是根据对齐国将领的了解推理出来的。申孺是一个傲慢自大、嫉贤妒能的人，他轻敌又毫无组织能力，因此调动不了士兵的积极性，失败是必然的。田居略好一点，他尊重贤能的人，却鄙视无才能的人，在他的领导下，有才能的人可以发挥自身作用，并对其信服，而才能低的人却会因不受重视而消极抗战。因此，他们的战斗力会折损，用二十万兵马来对付即可。但眄子不一样，他知人善任，尊重和信任下属，往往能让士兵团结一致，共同抗敌，因此战斗力强，需要我们举国兵力才能抵挡。”楚王听了，十分佩服。

田忌能够根据对齐国诸将军的了解推理出战胜他们需要的人马及战争的结局，是一个难得的将才。做领导也要如此，要善于观察团队中每个成员的性格及工作能力，推理出他们做成某件事的几率，然后把每个人分配在自己能够胜任的岗位上，让团队的能力发挥到最大。

不尚贤，则民不争也

造成一个社会、一个国家、一个时代的变乱，在许多错综复杂的原因当中，最大的乱源，便是人为的人事问题。尤其是主政或当政的人都是小人而非君子，那么天下事，不问便可知矣。

——南怀瑾

有人认为老子“不尚贤，使民不争”的主张太过消极，不利于贤良人才的选拔。其实，并非如此。老子的本意是让执政者不过分推崇贤能之人，以免引起人们对名利的争夺。从这层意义上来说，就是希望执政者不以贤能为标准来决定好恶亲疏，要从长远考虑，顺其自然，让人们回归到简单质朴的生活状态。

南怀瑾先生说：“实际上，我们晓得，‘尚贤’‘不尚贤’到底哪一样好，都不是关键所在。它的重点在于一个领导阶层，不管对政治也好，对教育或任何事，如果不特别标榜某一个标准、某一个典型，那么有才智的人，会依着自然的趋势发展；才能不足的人，也就安安稳稳地过日子。倘使标榜出怎样做才是好人，大家为了争取这种做好人的目标，很有可能在过程中不择手段。如果用手段而去争到好人的模式，在争的过程中，反而使人事起了紊乱。所以，老子提出来‘不尚贤，使民不争’，并非是消极思想的讽刺。”

上有所好，下必甚焉

管理者应该明白一个道理：居于领导地位的人如果有一种爱好，为了投领导所好，下面的人必然会爱好得更厉害。这就是我们常说的上行下效。所以，居于高位的人不要被某种欲望迷失心智，刻意推崇和标榜某种言行。否则，很容易让事情发展到难以掌控的地步。

“楚王好细腰”的典故就是一个很好的例子。相传，楚灵王曾多次公开表示喜欢看到臣子们如杨柳般纤弱婀娜的细腰，认为这样才赏心悦目，而那些生得苗条的大臣也因此得到了楚灵王的赞美和重用。于是，满朝文武大臣为了讨好楚灵王而开始减肥，拼命地节食，有的一天只吃一顿饭，经常饿得头昏眼花。有的大臣每天早上一起床就挺胸收腹，把气息憋住，再用腰带将腰部束紧，以展现自己的苗条身姿。

长此以往，宫中的很多大臣都饿得面黄肌瘦、弱不禁风，看起来病恹恹的，连走路都困难，更别说处理事务了，还有一些大臣活生生地把自己饿死了。最终，楚国的政局也跟着混乱起来，国力也远不如从前了。

“楚王好细腰”是一出闹剧，更是一出悲剧。楚灵王身为一国之君，凭借个人的好恶去树立“贤能”的标准，就是过分的“尚贤”行为，这就必然导致楚国官员们的刻意逢迎和邀宠献媚，最终只会酿出大祸，危害到整个国家的利益。所以，时至今日，这个历史故事对管理者来说，仍然是一个深刻的教训。

有才不等于贤

南怀瑾先生说："贤而且能的人才，又具有高明晓事的智慧，不炫耀自己的所长，不标奇立异，针对危难的弊端，因势利导而致治平的大贤，实在难得。以诸葛亮之贤，一死即后继无人，永留遗憾。虽然魏延、李严也是人才，但诸葛亮就是怕他们多作怪，因此不敢重用，此为明证。"可见，有才不等于贤，尽管怕被别有用心的人利用而不能明确"贤才"的标准，但是在用人之前仍然要擦亮眼睛，不要被有才无德之人钻了空子。

就拿南宋的著名奸臣秦桧来说，他就是典型的有才无德之人。秦桧早年做过私塾先生，因不满意自己靠微薄的学费度日的处境，曾作诗抱怨："若得水田三百亩，这番不做猢狲王。"政和五年，他进士及第，任太学学正，后虽经历了很多波折，但官运亨通，直至权倾朝野，封侯拜相。这也足以看出，无论是在学问上还是在权谋手腕上，秦桧都是出类拔萃的人才。

另外，在书法方面，秦桧也颇有造诣。他擅长篆体，字体工整，书写平稳，现存书法作品有《偈语帖》《深心帖》等，也有作品被南宋的曾宏父收录在《凤墅帖》中。我国民间传言，宋体字也是秦桧发明的，虽然并不能确定，但是也足以看出世人对秦桧书法成就的认可。

然而，就是这样一个有才的人，在任期间，把持朝政，结党营私，排除异己，大兴文字狱，极力贬斥抗金官员，将民族英雄岳飞残害致死。他还任用李椿年等推行经界法，丈量土地，重定两税等税额，又密令各地暗增民税十分之七八，使很多贫民下户因横征暴敛而家破人亡。这样的人，对国家和人民有用吗？

南怀瑾先生说："此处之贤，是指何种贤人而说？真正所标榜的贤人，又贤到何种程度？很难有标准。至于人，也是如此，有时候大奸大恶的人，看起来却像个大好的贤人。"很明显，正因为"贤"与"不贤"难以鉴定，而"贤"的标准一旦被提出又会被人利用，所以老子才提出"不尚贤"的主张。

但是，真正对国家有用的人依然是那些德才兼备的人，不能只看中才能而不看重品德，否则，就会像重用秦桧一样后患无穷。孔子曾言："才德全尽谓之圣人，才德兼亡谓之愚人；德胜才谓之君子，才胜德谓之小人。凡取人之术，苟不得圣人、君子而与之，与其得小人，不若得愚人。"说的也是这个道理。

名利上，不争天下先

实际上，圣人的不争，是对于利益不争，利益由别人先得，坏事情别人不要去，由他先面对。

——南怀瑾

世人大多爱慕虚荣，喜欢追求显贵、铺张，在名利上争先争高，自私排他，又贪心不足，所以终年忙碌不止，身心皆为名利物欲所累。然而，一个遵循大道的人，明白“不争天下先才能先天下而治”的道理，因为在名利上不争天下先的人，更容易获得成长的机会，赢得他人的信服和拥戴。

南怀瑾先生说：“想领导大家，自己必须把本身的利益摆在后面。有好处时，领导人要让被领导的人先得，剩下来才自己去拿；如果没有剩下来也没有关系，我就不要了。假使遇到困难时，我先去面对，你们在后面一步，这就是领导的原则，也是领导人的道德。”

不争，也有属于你的世界

古往今来，那些因争夺名利而头破血流，在口舌上逞一时之快的人最终都得到了什么呢？恐怕除了狼藉的名声及千疮百孔的良心之外，再无其他。相反，面对诱人的名利，那些心态淡然、不争不抢的人反而无失无虞，无往而不利。

北宋时期的陈瓘就是一个为人谦和，不争名利，矜持自尊的人。在陈瓘出任越州通判期间，越州太守——奸相蔡京的胞弟蔡卞因为爱慕陈瓘的才华，想要拉拢他为自己所用。但是陈瓘知道蔡卞心术不正，耻于与蔡氏兄弟为伍，多次婉拒了蔡卞，因此得罪了蔡卞。

有一年，陈瓘被任命为科举主考官。身为王安石女婿的蔡卞想要找机会陷害陈瓘，就故意借朋党之言对外宣称："这次的主考官是陈瓘，他一定会徇私枉法，全部选取史学学士，而拒录精通经学的学士，他的根本目的是抵制王安石所倡立的学说，破坏朝廷现有体制。"

洞明世事的陈瓘早就看出了蔡卞想要挟私报复的阴谋，待科考过后选取学士时，他默不作声地将推崇王安石学说的学士以及研究经学的学士录取为前五名，但五名之后，录取的都是研究史学的学士。这下蔡卞以及想要看陈瓘笑话的人都找不到诋毁他的借口了。

后来有人问陈瓘为何如此？陈瓘说："我之所以刻意忍让，是因为我深知退让可以避免正面冲突，从而保全史学，若不顾后果只为一争高下，史学早就被废了。"

陈瓘不争一时之名、不逞一时之勇，不但免去了一场纠纷，而且达到了保全史学的目的，这正是值得世人学习的智慧。

推功揽过得人心

诚如南怀瑾先生所言，当领导是一门艺术，一个真正成功的领导十分懂得笼络人心，也只有那些不把过错全部推给别人、不把功劳全部揽给自己的领导才会让人心甘情愿地跟随。否则，下属就算表面上谦卑恭顺，内心也不一定真的信服，一有合适的机会，就会另投明主，而领导只能落得一个孤家寡人的下场。

孙权是三国时期的大英雄，连曹操都很敬佩他，说“生子当如孙仲谋”，江东的文臣武将之所以愿意为他冲锋陷阵，和他会做领导不无关系。建安二十四年，在孙权的带领下，江东成功收回了荆州。之后，庆功设宴，犒赏三军时，孙权把上将军吕蒙请到上座，对大家说：“荆州久攻不下，今天能成功夺取，都是吕蒙大将军和诸位将士的功劳啊！”孙权把胜利的功劳全部归功于大家，令众将士甚为感动。后来，孙权与曹操的手下张辽决战时，大败而归，他很诚恳地自我剖析说：“这次失败，全是我轻视敌人所致，和大家无关，以后我定当改正。”孙权推功揽过的做法深得民心，使得江东上下一心，齐力抗敌卫国。

反观袁绍，与孙权的为人处世之道完全相反，他喜欢把功劳归在自己身上，而把过错推给别人。有一次打了胜仗，他毫不谦虚地吹嘘道：“这次胜利，全靠我料敌如神，采取侧击包围的战术，否则怎么可能这么快就攻下来？”将士们听了，心中很不是滋味，却也不敢多说什么。官渡之战中，袁绍被曹操打得大败，再无翻身之力，他却不从自己身上找原因，反而把过错都推给谋士，说是错听谋士之言才有今日之祸。他争名利、揽功劳、推过错的行为很快令其失去了人心，最终众叛亲离，成了孤家寡人，为曹操所灭。

在一个团体中，将功劳推给别人展示的是一种难能可贵的人生境界，一个肯将功劳推给别人的人一定是厚德载物、有宽容心、大智若愚的人，这种行为传递的是一种荣辱与共的信念。因此，身为领导，尤其应该如此，当团队做出成绩的时候，要将成绩分予众人，激励大家一起进步，让团队中的每个人都劳有所得，以后更加踏踏实实地干事情。这样才能鼓舞士气，赢得民心，提高大家工作的积极性，形成“千斤担子众人挑，齐心协力共提高”的良好工作氛围。

善于识人：千里马常有，而伯乐不常有

世界上常常有千里马，但是有些千里马一生被埋没，因为没有伯乐。

——南怀瑾

我们常引用韩愈的话“世有伯乐，然后有千里马。千里马常有，而伯乐不常有”来感叹胸怀大才被弃之不用，而无德平庸之辈却居于高位的现象，南怀瑾先生在《列子臆说》中说：“中国文化是伯乐难得，不是千里马难得。很好的人才，没有碰到一个赏识的人，不管你是什么雄啦！大英雄，小英雄，乃至别的雄，一生就那么埋没下去了。”

对于身居高位的领导来说，成就一番事业的过程就是发现千里马和任用千里马的过程。所谓发现千里马就是发现人才，任用千里马就是明确权责地任用人才。真正聪明的企业领导一定是一个虚怀若谷的人，那些妒贤嫉能、不敢将权力下放给员工的领导很难做到发现人才、合理利用人才。

领导贵在慧眼识英才

管理界流传着一句著名的话：“没有平庸的人，只有平庸的管理者。”因为平庸的管理者不善于发现别人的长处，即使给他一个人才他也不一定能够发现并且放到合适的位置。人力作为企业最重要的资源，要想得到充分的发挥，就需要管理者慧眼识英才，把合适的人放在最合适的位置上，这样才能够人尽其才。

下面这个寓言故事就很好地说明了辨识人才的重要性。山里面住着一个农夫，夏天的时候，他的菜园子里长熟的菜引来了很多偷食的乌鸦、麻雀。为了驱赶这些无耻的“小偷”，农夫雇来了一头驴替他看守菜地。驴子生性老实，勤勤恳恳，任劳任怨，从不偷吃农夫的菜，不停地在菜园里帮农夫赶鸟。但是，等到晚上，农夫看到菜园的情形之后，不但不为驴子的勤劳忠诚感到欣慰，反而十分生气，因为驴子在菜园里追赶飞鸟的时候乱冲乱撞，把菜园里的菜踩得稀巴烂，连菜园的护栏都拱坏了。如果鸟儿偷吃菜给农夫造成的损失有一成的话，那么驴子的踩踏几乎把农夫一年的心血全毁了。农夫想，这畜生也太笨了，一点儿能耐都没有，连这点儿小差事都办不好，于是抓起木棍狠狠地把驴子揍了一顿。

这个寓言故事告诉我们的道理很简单，领导如果不能识别人才，使其在合适的地方发挥作用，结果往往会适得其反。试想，如果农夫能认识到驴子的诸多优点，让它去拉磨或者运输粮食，还会有故事中所发生的悲剧吗？所以，与其把过错推到驴子身上，不如推到农夫身上，因为农夫不是伯乐，驴子这个“千里马”也就只能成为他眼中的庸才。

君子爱“才”，取之有道

我们都知道，时代发展到今天，企业与企业、国家与国家之间的竞争归根到底就是有关人才的竞争。所以，一个想要在岗位上有所建树的领导必须是一个重视人才的领导。然而，只重视人才还不够，还要善于发掘、招揽人才。

关于选拔人才的方法，前人提供给我们的参考并不多，古代的科举、孝廉、推荐等如今都转化成了换汤不换药的各种考试。在这种选拔人才的制度下，人们很容易陷入一个误区，认为但凡是人才，就是考试成绩很好的、名校毕业的，完全忽视了“高分低能”这一常见的社会现象。于是，一些企业领导在招聘人才的时候只看学历，学历不达标者，无论有才无才，一概拒之门外。殊不知，分数和学历并不能说明一切，那些没有上过大学但在工作岗位上表现突出的人不胜枚举。

尽管现代人尊古贱今思想严重，但是仍不得不承认“80后”作家兼导演韩寒就是一个低学历的“天才”。他高中未毕业就开始写作并多次在全国新概念作文比赛中获奖，还一度使此前每期销量不足万份的杂志《萌芽》提升至每期几十万份的销量。后来他出版了小说《三重门》，一时间洛阳纸贵，该书累计发行了二百多万册，是中国近些年来销量最大的文学类作品之一。少年成名的他并没有志得意满而停止不前，而是继续积累文学素养，陆续出版了多部作品，并开始向其他领域发展。2014年7月24日，由韩寒首次担任编剧和导演的电影《后会无期》上映，最终取得了6亿多人民币的票房，这个成绩甚至超过了很多电影圈里的大导演。

这个世界的一切都在改变，选拔人才的方式自然也应该随之改变，那种抱着原来的思想，非要将学历当作招揽人才的门槛的企业和领导很容易错失真正的人才。如果你是汽车销售公司的领导，现在有一个学历很低的销售能手，你能说他不是人才吗？遇到这种特长对口的人才，错过只能是公司的损失。

不出户，而知天下

一个智慧真正成就了的人，不必出门，就会知道天下的事。

——南怀瑾

老子认为，天道与人道都是相通的，古语“人同此心，心同此理”说的就是这个道理。圣人能够顺天道而行事，不必做那些无用的努力，就能识人心、知物理，无为而有所成就，亦即运筹帷幄之中，决胜千里之外！

南怀瑾先生在《老子他说》中说：“‘不出户，知天下’，也就是我们中国人经常说的一句老话，‘秀才不出门，能知天下事’。但是，能做到的必须是秀才，这个‘才’必须是真‘秀’才行；如果是笨才，那就不行。所谓‘秀才’，不是指秀丽的人，也不是指科举时代的秀才，而是借科举考中的‘秀才’之名，比喻绝顶聪明的人。”很明显，先生是在告诉我们，想要成为一个不出户而知天下的人，必须先成为一个有真才实学的人、一个真正的智者。

智者善谋，不如当时

圣人之所以能不为、不行、不见而先知先觉，了解天下大事，有所作为，就在于他们能够认真观察和洞悉大道的规律，认清它，掌握它，只做顺应时势、水到渠成的事，而不在违背规律、违背时势的事情上浪费时间和精力。

诸葛亮是我国历史上“不出户，知天下”的典范，他的聪明才智几乎无人能及。生逢战乱年代，良禽择木而栖，很多自恃有才的人都忙着投奔诸侯，求取功名，而诸葛亮却不以为然，他潜居抱道，隐居隆中，潜心学习，培养能力，静观天下形势，等待着真正属于自己的机会。随着时间的推移，诸葛亮的才能也在日增月涨，已经足够支撑得起他的抱负，他才敢于袒露自己的志向。

机会总是留给有准备的人的，“官渡之战”后，驻军新野的刘备，在徐庶的口中得知了诸葛亮的名字，又听徐庶说“此人才能无人能及”，便下定决心要请诸葛亮出山。

于是，刘备三顾茅庐，终于在隆中见到了诸葛亮。当时，诸葛亮的远见和卓识已经达到了让刘备震惊的地步。诸葛亮先是分析了曹操拥兵百万，挟天子以令诸侯等无人能及的地位；又提到孙权占据江东，根基已稳固，不可与之为敌的形势；最后指出“荆州北据汉、沔，利尽南海，东连吴会，西通巴、蜀，此用武之国，而其主不能守”的有利条件，描绘出先占领荆州、益州，西和诸戎，南抚夷越，外结孙权，最后一统天下的蓝图，并断言：“诚如是，则霸业可成，汉室可兴矣。”这就是著名的《隆中对》。

诸葛亮的一席话，使刘备茅塞顿开，他听从了诸葛亮的建议，并诚恳地邀请他出山，委以重任，称：“孤之有孔明，犹鱼之有水也。”诸葛亮也不负众望，抓住时机，顺应天命，与刘备携手由弱到强，建立了可以与魏国与吴国并立的蜀国。

从“不出户，知天下”的才能可以看出，诸葛亮就是名副其实的智者。他隐居时，看似清净无为、淡泊无欲，实际上却是在等待着明主的到来，他的心中装着天下，一直在费尽心思地筹划着如何才能挽救天下，拯救百姓。可见，他有着审时度势的能力和敏锐的洞察力，又善于抓住机会、顺势而为，所以才能成就一番大业。

清净无为，顺其自然

在南怀瑾先生看来，能达到“不出户，知天下”的人都是顺应天道、无欲无求的人，这样的人能做到清净无为，故而能达到“不为而成”的境界。所以，有大智慧、真修养的人，用不着到外面实际体验，就可以了解事实的究竟。相反，那些欲望太多、违背自然规律的人，即便做再多的事，也很难逃脱失败的结局。

赵高就是一位不愿顺应天命的人，他的下场也足以说明违背天道将不得善终的道理。秦始皇统一中国后，朝中分出了两大政治集团：一个是扶苏、蒙恬集团，一个是胡亥、赵高集团。扶苏公子向来正直、有远见，以仁德之名为外人称颂，秦始皇也对其寄予了厚望。而胡亥则骄横无礼、残暴不仁，加上赵高在背后教唆，整日只知道吃喝玩乐。

公元前210年，秦始皇在平原津生了病，自知不能免于一死，就写了一封密信让李斯交给公子扶苏。信封好后，存放在中东府令赵高兼掌印玺事物的办公处。赵高是个野心勃勃的人，他见有机可乘，就故意扣押密信，不让扶苏回来见驾。

秦始皇死后，赵高和李斯串通起来立胡亥为帝，并伪造圣旨，赐死公子扶苏，斩杀大将蒙恬。就这样，胡亥成功登上皇帝宝座，而“劝进”

有功的赵高也成了胡亥背后的掌权者，他把控朝政、结党营私、残害百姓、为所欲为。为了进一步巩固自己的地位，他又先后杀了李斯和胡亥，自己做了丞相，并另立子婴为皇帝。然而，历史并没有因赵高的“自作聪明”而厚待他，子婴即位仅仅几天的时间就诛杀了赵高，并诛灭了赵高三族。

赵高贪心不足、欲壑难填，和老子所提倡的“清净无为，顺其自然”之道相违背，也不是那种真正追求智慧和学问的人。他的所作所为只是为了满足自己与日俱增的欲望，所以他不是智者，也不可能有不出户而知天下的本领，更不会预料到自己的惨死结局。

治大国，若烹小鲜

为什么说“治大国，若烹小鲜”呢？是告诉我们，处理大事要特别小心，要慢一步，不能匆忙大意。

——南怀瑾

老子的“治大国，若烹小鲜”这个比喻十分形象，意思是说治理大的国家要像烹饪小鱼小肉一样细致谨慎。在《老子他说》中，南怀瑾先生着重解释了“烹小鲜”的“烹”字，先生说：“什么叫做‘烹’？我们都晓得，做中国菜叫‘烹调’，文火叫‘烹’，大火就叫‘炒’。所谓‘烹’，是文火、细火，慢慢熬炖。”

管理一个团队也是一样，身为领导，在做事之前要谨慎小心，面对人生中不同的困扰和考验，要时刻记住老子的这句话，处理大问题“如烹小鲜”。只有不畏艰难，不怕麻烦，冷静思考，将思路慢慢理清，才能不被烦恼困住。正如南怀瑾先生所言：“青年们前途无量，将来如果做什么大事，不管工商界、学术界，一个大问题到手的时候不能大意，要谨慎小心。但谨慎小心又不要过分，太过分用心，火又太大了，味道就不同了。如果完全不管，则火熄就不成功，所以是‘无为而无不为，也就是‘烹小鲜’的道理。”

事前谨慎好过事后补救

谨慎是一种生活态度，亦是一种优秀的品质。无论是在生活还是在工作中，持有谨慎态度的人对事物整体和细节的考虑都会更加细致周到，很少有差错发生。他们注重长远的、大局的结果，远远超过短期的、眼前的利益。正所谓“小心使得万年船”，事前小心谨慎更能让自己长久平稳地发展下去，在很大程度上好过事后补救。

下面这则寓言故事刚好能说明这个道理。从前有个国王，他做事鲁莽，不计后果。有一天，有小人向他进谗，说是朝中一位大臣叛国通敌，应该严厉处罚。国王听了，十分恼怒，连调查都没有，直接派侍卫把这个大臣抓起来，先打二十鞭，然后用利刃割开他的脊背，取下了二斤血淋淋的肉作为惩戒。事后，朝中另外一些贤良的大臣听说了此事，都极力帮助这位大臣寻找没有叛国的证据，想要帮他洗脱罪名。“功夫不负有心人”，经过一番查访，终于有人能够证明这个大臣的清白。当大家把证人和证据都带到国王面前的时候，国王才知道自己犯了个重大的错误，于是十分后悔，就送了一千斤猪肉给这个贤臣，作为对他的补偿。那位贤臣见国王知错能改，就原谅了国王。可是，他背上的肌肉已不能恢复到原来的样子，上朝时疼起来会让他忍不住发出痛苦的呻吟声。国王听到了呻吟声，十分不满地说:“我不过取了你二斤肉，已经还了一千斤肉给你，难道你还不满足吗？为何还叫个不停呢？”贤臣十分无奈地回答:“大王，假如有人砍下你的头，然后还给你一千个头，你能免得了一死吗？如今我虽然得到了一千斤猪肉，可仍然免不了这锥心的痛苦啊！”

这个故事告诉我们的道理很简单：有时候，因一时冲动而给他人造成了伤害，事后做再多的弥补都无济于事。所以，最好在事前谨慎小心，才能预防这类悲剧的发生。试想，假如国王在惩罚贤臣之前调查清楚，还会给贤臣造成这么大的伤害吗?

慎终如始，则无败事

一个人在开始时谨慎很容易，可是到结尾时依然很谨慎却很难。然而，真正懂得“治大国，若烹小鲜”这一道理的人明白，凡事在结尾时仍要像在开头时一样慎重对待，要时刻用“谨慎”的态度来约束自己，克服源于动物的“懒惰性”才能成就大事。

孟达是三国时期的一位将领，因为关羽围攻樊城、襄阳时未发兵救援而触怒刘备，无奈投奔曹魏。曹丕当政后，孟达受到重用，被封为散骑常侍、建武将军，封平阳亭侯，还任房陵、上庸、西城三郡合为的新城太守。曹丕死后，与孟达交好的桓阶、夏侯尚也相继去世，加上诸葛亮引军北伐，蜀汉和曹魏大战在即，孟达日夜悬心，左右为难。一是怕蜀国灭亡，作为降将的自己在魏国再无用处，自然不会再有好日子过;二是怕魏国灭亡，自己本就是从蜀国叛变过来的，蜀国怎么肯轻易饶了自己。后来，在李严和诸葛亮的诱导下，加上与魏兴太守申仪有嫌隙，孟达决心再投蜀国，趁诸葛亮北伐之际斩杀魏国皇帝为蜀国建功，以抵自己此前所犯的过错。

然而，随着叛变的日子越来越近，孟达逐渐放松了警惕，不再像开始那样谨慎小心，最终他的计划被泄露了出去，而当时掌管军政的司马懿听说了这件事，明面上写信安抚孟达，暗中却遣军进行征讨。至此，孟达依然不知道自己的计划早已被泄露，他认为司马懿率军前来，至少要三十日才能抵达。所以，当司马懿大军八日内即走完了一千二百里的行程来到孟达的军营时，孟达及其部下还像做梦一样觉得不可思议。司马懿的出现完全打乱了孟达的计划。后来，司马懿包围上庸，仅用十几天时间就斩杀了孟达，回京师领赏去了。

孟达之所以惨遭失败，就是因为他做事不能慎终如始，让敌人过早地知道了自己的重要计划，所以诸葛亮知道孟达起事失败后，万般痛心地说：“孟达起事不密，反应迟钝，才会遭此大祸啊！”

以柔克刚，天下莫柔弱于水

一个人如要效法自然之道的无私善行，便要做到如水一样至柔之中的至刚、至净、能容、能大的胸襟和器度。

——南怀瑾

在《道德经》中，老子经常拿水做比喻，来教导世人如何做人。如“天下莫柔弱于水，而攻坚强者莫之能胜，以其无以易之”这句话，就是想要告诉我们，天下没有比水更柔弱的东西，但攻坚克强却没有什么能胜过它，因为没有什么可以真正改变得了它。所以，在为人处世上，以柔克刚要比硬碰硬更能达到预期效果。

在《老子他说》中，南怀瑾先生对老子的解读，就是教人以柔克刚、以屈求伸的做法。他说：“做一个领导人，乃至于个人事业的成功，都要做到担负一切人的痛苦。甚至一个工厂公司的老板，都要能担负下面人的一切苦痛，为部下挑起全部的责任，这样才能做一个领导人。如果领导一个国家，能够做到‘受国不祥’，挑起全国的痛苦，把福气给别人，‘是为天下王’，那就是天下之王了，这才是正路。”很明显，想要获得别人的尊敬，承担与感化远比暴力更有效。

做人如水，弱能胜强

诸葛亮在《将苑·将刚》中写道：“善将者，其刚不可折，其柔不可卷，故以弱制强，以柔制刚。”意思是说，善于带兵的人，刚强不固执己见，柔和却不软弱，能使刚柔相辅相成，以弱胜强，以柔克刚。做人也是如此，柔并不代表失败和弱势，只是一种姿态，有时候甚至是制胜的关键方法，聪明的人从不关注一时的强弱，而看最终的结果对谁有利。

赤壁战败后，曹操在华容道就展示了一次以柔克刚的智慧。当时，他领着剩余不多的残兵仓皇逃命，一路上连遭伏兵劫杀，衣甲湿透，军旗凌乱，将士们胆战心惊，战马精疲力尽，可谓狼狈不堪。仓促间，他们来到了华容道。曹操见华容道地势适合埋下伏兵，而却没有见到伏兵，就大笑道：“人言周瑜、诸葛亮足智多谋，我看到底是无能之辈。若在此处埋伏一军，我等皆束手受缚矣。”然而，他话音刚落，就从不远处传来了马的嘶鸣声，只见关羽手中青龙刀，胯下赤兔马，威风凛凛地出现在面前。曹军本就惊魂未定，见关羽在此，更加胆寒。

曹操是个聪明人，他知道自己的军队战力不足，与关羽硬拼是死路一条。于是，采用人情感化战术，纵马向前，关切地问道：“将军别来无恙？”关羽说：“我奉军师将令，等候丞相多时。”曹操一边装可怜一边假装怀念过去说：“我今日兵败势危，到此无路，望将军以昔日之情为重。”关羽说：“昔日我虽然蒙丞相厚恩，但是斩颜良、诛文丑已经报答过丞相了，今日相见，怎敢以私废公？”曹操继续劝说道：“大大夫以信义为重，此前的恩情报答了。那么，过五关斩六将呢？将军杀了我那么多部下，我却下令让将军过关，不让他们与将军为难，难道这些事将军也忘了吗？”关羽听到这里，一时语塞，不觉动了恻隐之心，再加上看到昔日枭雄今日如此落魄，心中越发不忍，于是勒回马头，命众军散开，让曹操过去。

赤壁之战尽管曹操败了，但是他保全了自己的性命，正如他自己说的，只要我们能够顺利回到自己的地盘，就算打了个胜仗。如此说来，在华容道这场小小的较量中，曹操达到了自己的目的，所以他才是最后的胜利者。而曹操之所以能够取得胜利，就在于他明白关羽是讲义气重情义的人，自己以屈求伸比强硬对抗更能战胜他，这正是水柔弱的智慧在为人处世中的正确运用。

君子厚德载物

我们常说的“上善若水，厚德载物”就是为了强调水的包容和担当。一个想要在高位上做出一番成绩的领导一定要有“担当”，坐在多高的位置上就要承担多大的责任。否则，就会德不配位，早晚遭殃。

某个不知名的山上有个寺庙，里面藏着一串十分珍贵的念珠，据说这串念珠被佛祖戴过，因此老住持把它供奉在一个十分隐秘的地方，并且只告诉了自己的七个弟子。这七个弟子都很用功且有悟性，每日在念珠下念经，吸取念珠的灵气。日子一天天过去了，老住持的身体大不如从前了，他要从这七个人中选出一个传授衣钵，于是他想出了一个主意。

有一天，他忽然对七个弟子说：“我们供奉的那串念珠丢了，你们谁拿了，只要放回原处，我就不追究了，佛祖也不会怪罪。然而，弟子们都摇头。又过了几天，依旧没人承认。老住持又说：“只要承认了，念珠就归他所有。”但是，还是没有找到偷了念珠的人。

老住持表情很失望，说：“明天你们就下山吧，拿了念珠的人，想留下就留下。”第二天天一亮，其中的六个弟子都收拾好了东西，如释重负地走了，七个弟子中只有一个人留了下来。老住持问：“你为什么偷念珠？”留下的弟子说：“我没有偷。”老住持不解道：“既然没偷，为何要背上盗窃之名？”他回答说：“这几天我们几个相互猜疑，有人站出来，其他人才能得到解脱。再说，念珠不见了，佛还在呀。”老住持听了他的话，十分开心，从怀中取出了那串念珠戴在这个弟子手上，并把衣钵传给了他。

敢于承担责任是一种智慧，更是一种境界，故事中的那个站出来的弟子在明知道不是自己偷了念珠的情况下主动承担责任，是顾全大局、有担当的表现。这种人遇事时更能为别人着想，更能化解矛盾扭转不利局面，是真正厚德载物的君子，身居高位时，才能真正被人信服和尊敬。

第五章

南怀瑾谈道学中的无为之道：

道之本性，常无为而无不为

老子曰："道常无为而无不为。"意思是说，道顺应自然，清净无为，因而无所不为。花开花落，草木荣枯，月圆月缺，寒来暑往，宇宙中的万事万物都有自己的生命轨迹，若人们顺应大道，不做超越自然的徒劳之功，它们就能根据自己原本的生命轨迹去发展，自然可以达到自化的状态。所以，人若想与天地万物和谐相处，在今后的生活中顺风顺水，无所不为，就要懂得道家的"无为之道"。

道法自然，无为即自然

自自然然就是道，若不如此，便不合道。

——南怀瑾

在《老子他说》中，南怀瑾先生将道家所讲的“四大”精确地概括为“道、天、地、人”。他说，在宇宙中，人何以能与“道大、天大、地大”并列为四大之一呢？这是因为人类的聪明才智，能够“参赞天地之化育”，克服宇宙、自然界对人存在的不利因素，在天地间开演一套源远流长的历史文化。很明显，他所指的聪明才智，就是指人类能掌握自然规律为我所用。

花开花谢，草木荣枯，春生夏长，秋收冬藏，宇宙万物都有自己的生命轨迹，而这一切，皆属于自然现象，都是符合自然规律的，这些规律在冥冥中主宰着天地万物，无时无处不在。所以，人们若想与天地和谐共处，就应该顺应自然大道，不要做超越自然的徒劳之功，应遵循老子所提倡的做人做事法则——人法地，地法天，天法道，道法自然。

顺应规律才能事半功倍

大道以其自身为原则，自由不受约束，人们只有效法天地，乐天知命，顺应自然，才能达到天地人合一的生活状态和境界，做起事来才能水到渠成，无往而不利。反过来，若不顾自然规律，逆天而行，就像船在水里逆流而上，需要付出很多倍的精力也不一定达到预期的结果。

《庖丁解牛》说的就是一个经过反复实践，掌握客观规律，最终做事时得心应手的故事。历史上有个叫丁的厨师在为梁惠王宰牛时表现出了高超的技艺，只要是他的手、肩、脚、膝所碰着的地方，都能轻松发出皮骨分离的声音，而这些声音居然完全符合音律，和《桑林》《经首》两首乐曲节拍相吻合。梁惠王见状，直呼："好，你的技术怎么会高明到这种程度呢？"

丁放下手中的刀子，认真地回答梁惠王道："我做事比较喜欢探究事物的规律，因为这比一般的技术技巧更高一筹。当初我刚开始学宰牛的时候，对于牛体的结构还不了解，看见的无非是整头的牛。三年之后，我见到的已是牛的内部肌理筋骨，再也看不见整头的牛了。现在宰牛的时候，我只是用精神去接触牛的身体就可以了，而不必用眼睛去看，就像视觉停止活动了而全凭精神意念在活动。劈开筋骨间大的空隙，沿着骨节间的空穴使刀，都是依顺着牛体本来的结构。我的刀从来没有碰过筋骨相连的地方，更何况是大的骨头呢？技术高明的厨工每年换一把刀，是因为他们用刀子去割肉；技术一般的厨工每月换一把刀，是因为他们用刀子去砍骨头。我的这把刀已用了十九年了，宰牛数千头，而刀口却像刚从磨刀石上磨出来的一样。因为牛身上的骨节是有空隙的，刀刃又很薄，用这样薄的刀刃插入牛骨的间隙，那么在运转刀刃时一定是宽绰而有余地的，因此用了十九年而刀刃仍像刚从磨刀石上磨出来的一样。尽管如此，每当碰上筋骨交错的地方，那里难以下刀，我就十分警惧而小心翼翼，目光集中，动作放慢。刀子轻轻地动一下，"哗啦"一声骨肉就已经分离，像一堆泥土散落在地上了。宰牛完毕，我提着刀站起来，环顾四周，不免感到志得意满，浑身畅快。然后拭好了刀把它收藏起来。”

做任何事都是一样的，不管看上去多么纷繁复杂，只要通过反复操练实践，掌握了藏在其中的客观规律，就能得心应手、运用自如，什么困难都能迎刃而解。庖丁在解牛的生涯中，由原来的一知半解到最后的游刃有余，就是因为掌握了牛的生理结构和解剖规律的缘故。所以，在做一件事时，想要顺理成章，就要顺应自然，找准规律，依据规律行事。

有时候无为才是最好的安排

老子“无为而治”的智慧是对自然实践深切理解后得出的结论，他并不是让我们消极处世以致碌碌无为，而是要求我们顺时顺势而动，不要做盲目违背自然和社会规律的恣意行为，尤其是在搞不清客观规律的情况下，凭借个人的好恶和认知去办事，最终很可能会出现事与愿违的结果。

下面这则小故事刚好能说明这个道理。从前，有一座供奉着观音像的寺院，因为比较灵验，所以香火鼎盛。寺院的看门人见此情景，对菩萨像说：“真羡慕你，每天轻轻松松，不发一言，就有这么多人送来礼物，哪像我，风吹日晒，整日辛辛苦苦才能得温饱。”菩萨说：“既然你这么想，咱俩就换换吧，但你无论看到什么、听到什么，都不能说话。”看门人爽快地答应了。于是，在熙攘嘈杂的人潮中，他听到了各种各样的祈祷，合理的、不合理的都有。但无论他听到了什么，都闭口不语，这是他之前答应菩萨的。

有一天，寺院接连来了三个人。第一个是富商，祈祷完之后便匆忙离去了，竟然将一大包金子遗忘在地上。看门人看在眼里，碍于之前的承诺，虽然很想叫住这位富商，却只能憋着。第二个是食不果腹的穷人，他祈祷菩萨能帮他渡过难关，就在这时，他发现了富商留在地上的金子，高兴极了，心想，菩萨果然灵验，有求必应。于是，万分感激地走了。第三个来的是一位要出海的年轻人，他祈祷菩萨保佑他出行平安。就在他祈祷完要离开的时候，富商冲了进来，不问青红皂白就让年轻人交出他的金子，不然就休想离开这里。

这时候，看门人再也忍不住了，开口向大家说明了真相。富商知道自己误会了年轻人，道歉后就去找穷人了，而年轻人也因为摆脱了富商的纠缠而顺利出海了。这时，菩萨无奈地叹了口气，对看门人说："下来吧！你没资格占据那个位置了。"看门人十分不解，说"难道我不该说出真相吗？"菩萨说："富商并不缺钱，他那袋钱不过是用来吃喝嫖赌罢了，而对于穷人，却可以维持一家的生计。至于那个年轻人，他本来可以因为富商的纠缠躲过一劫，可是现在他的船正在沉入大海……"看门人听了，哑口无言。

很多时候，我们所认为的正确选择并不是真正意义上的最好安排，在没有弄清事情真相之前，清净无为、遵循自然或许比鲁莽行动更有意义。所以，无论当前我们所处的是逆境还是顺境，都不要盲目做决定，说不定它正是命运赐给我们的最好安排呢。

道之本性，常无为而无不为

道家做事的时候，有远见，有计划，事先准备妥当，所以临时不会慌乱。

——南怀瑾

“道”是天地万物间的自然法则，看似无为，实则无所不为。因为“道”能遵循万事万物的发展规律，不违背它们的发展意愿，不阻碍它们的发展方向，所以才能任其自由生长，它虽然看起来并没有起什么作用，实际上却处处在起作用。

因此，只要遵循“道”之法则，并妥善利用它，我们就能预测出很多事物的动态，在事情发生之前做好准备。就像南怀瑾先生说的那样：“懂了道家老庄的这个道理，我们做人做事，就要懂得‘无为而无不为’的道理，也就是要有先见之明。其实，不只做人做事，乃至缝一件衣服，或者买一把扇子，对于将来毛病会出在哪里，事先都要知道，要看得很清楚，要有远见。对于未来可能出问题的地方，须尽可能地先做好防范措施，使问题不致发生。所以，懂得这个道理的话，做起事来，好像没有做什么事一样的平顺。”

顺应“道”，方能预测事物的发展方向

“道”是亘古不变的自然规律，顺应“道”，就能明确事物发展的结果，为达到预期目的而提前做好准备。所以，南怀瑾先生说：“也有许多学

了老庄的人，做起事来不会应用这个道理，凡事不晓得预先安排，观察得又不仔细，到临时急急忙忙拼命赶、乱忙；看起来好像很勤快、很努力，其实以道家看来，就是愚笨。道家做事的时候，有远见，有计划，事先准备妥当，所以临时不会慌乱。”

《草船借箭》的故事就体现了道家做事时既有远见又有周密计划的特点。三国时期，为了抵抗曹操大军来犯，孙刘两家决定联起手来。东吴的周瑜虽然有些智谋，但是心胸过于狭窄，因为嫉妒诸葛亮的才干，总想设计陷害诸葛亮。孙刘联军与曹军是水上作战，最合适的兵器是箭，周瑜趁机为难诸葛亮，要他在十天之内造十万支箭。谁知诸葛亮说只要三天便可完成任务，并当场立下军令状。周瑜听了暗喜，心想，诸葛亮太过狂妄自大，三天内不可能造出十万支箭，到时刚好可利用这个机会名正言顺地除掉他，但是又碍于诸葛亮的机智聪明，便派鲁肃前去打探虚实。

诸葛亮见了鲁肃，向他借了二十条船，船上用青布幔子遮起来，还要一千多个草靶子，再在每条船上安排三十名士兵，并明确告诉鲁肃，若想孙刘联盟牢固，此事千万不可告诉周瑜。

到了第三天，诸葛亮邀请鲁肃一起去取箭。二人乘船来到江上，只见大雾弥漫，数里之内看不见人影，诸葛亮命人将船靠近曹军水寨，一字排开，擂鼓呐喊。曹操以为敌军来攻，但是碍于大雾看不清虚实，又怕中了埋伏，于是只命数千名弓箭手朝江中放箭，不让对方靠近即可。就这样，雨点般的箭纷纷射在草靶子上，待一面满后，诸葛亮又命人掉转船头，使船的另一面草靶受箭。

天快亮的时候，诸葛亮估摸着雾要散了，箭也已经够数，于是下令往回开船。此时刚好顺风顺水，船飞快地行驶到岸边，曹操想追都来不及了。到了岸边，诸葛亮请周瑜收箭，周瑜的属下大致数了数，足有十二万多支箭，比预想的还多两万多支。当鲁肃把借箭经过告诉周瑜时，周瑜万分感慨地说："诸葛亮神机妙算，我不如他。"

在世人眼中，诸葛亮是"上知天文，下知地理"的神人。其实，他并不是什么神仙，只是比较通晓"道"的哲学，在草船借箭之前，他对近几日的天气、风向及承受十万支箭所需的船只、草靶、士兵都有了足够的了解，并做了充分的准备，所以才能一举成功。

不欲以静，天下将自定

李白在《上安州裴长史书》中说："天不言而四时行，地不语而百物生。"意思是说，天不会说话，但不影响四时的运行；地不会开口，却不影响百物的生长。所以，天地之间万事万物各有其自身的规律，如果我们不去阻止它们、打扰它们，那么它们就能自然而安定地发展。

《孟子·梁惠王上》中有一篇文章《寡人之于国也》，讲的就是孟子劝说梁惠王要顺应自然，不妄加干预百姓生活的故事。梁惠王自认为和别的国家相比，自己算得上对国家尽心的君主了，但是国民并没有增多，就问孟子为何？

孟子巧妙地回答说："大王喜欢打仗，让我用战争做比喻吧。'咚咚'地敲响战鼓，两军开始交战，战败的一方扔掉盔甲拖着武器逃跑。有人逃了一百步然后停下来，有的人逃了五十步然后停下来。凭自己只跑了五十步而耻笑别人跑了一百步，那怎么样呢？"

梁惠王说："只不过没有跑上一百步罢了，那也是逃跑啊。"

接着，孟子便以此为例子劝诫梁惠王说："不耽误农业生产的季节，粮食就会吃不完。密网不下到池塘里，鱼鳖之类的水产就会吃不完。按一定的季节入山伐木，木材就会用不完。粮食和水产吃不完、木材用不完，就能让百姓对生养死葬没有什么不满。百姓对生养死葬没有什么不满，这是王道的开端。五亩大的住宅场地，种上桑树，五十岁的人就可以穿丝织品了。畜养鸡、猪、狗，而不耽误它们的繁殖时机，七十岁的人就可以吃肉食了。百亩大的田地，不耽误它的耕作时节，数口之家就可以不挨饥饿了。认真地兴办学校教育，把尊敬父母、敬爱兄长的道理反复讲给百姓听，须发花白的老人就不会背负或头顶重物在路上行走了。七十岁的人能够穿上丝织品、吃上肉食，百姓没有挨饿受冻的，做到了这些而不能统一天下称王的还从未有过。”

孟子的这段话总结起来就是：无为而治。只有顺从自然，清净无为，万物才能按照自身的成长规律得到发展，百姓才能富足安康、安居乐业，万民自然愿意归顺。反之，若经常打着关心百姓的名义，设置很多政令，提出很多要求，反而会限制和羁绊百姓的生产生活，令人困惑，百姓又怎么愿意归顺呢？做人也是如此，如果一直急急忙忙，天天发疯一样，执意非要成功不可，往往并不能成功。一旦真做到了无为，做好自己，回归清净，许多想不到的成功偏偏会来。

所谓“无为”，至人无己，圣人无名

无功之功是为大功，如同太阳一样，永远给天下光明，而不需要任何感谢。

——南怀瑾

积德行善是根植在心中的“善念”衍生出来的善行，从佛家观点来说是一种福报。这种克服本性、放下私心且不求功名的行善心态是“至善”之人才能拥有的境界，是一种大智慧，这种人才能称得上真正的圣人。

诚如南怀瑾先生所言：“真正的圣人非常平凡，绝不承认自己是圣人。如果觉得自己有道，那是贴标语、喊口号，没有用的，这已经不是圣人了。所以，‘圣人无名’。无所谓圣人不圣人，最伟大的在最平凡里头，能够做到真正的平凡，‘无己’‘无功’‘无名’，功盖天下而自己觉得没有做过事，道德修养才能达到圣人的境界。”

“忘我”是“至人”的标志

所谓“至人”，即道德修养极高的人，这样的人能顺应客观，不为名利所累，忘掉自己，达到庄子所说的逍遥状态。南怀瑾先生说：“人要是做人做到了头，能把握自己的生命，叫‘至人’。如果我们没有做到，没有达到这个境界，不算‘至人’。怎么才能成为‘至人’呢？‘无我’。‘至人无己’，没有我自己。这个难了，人生要达到‘无我’很不容易。”

《庄子》中有一个“忘我”的故事，很值得我们学习。说是古时候有个很厉害的木匠叫梓庆，虽然他平日里做的活儿很简单，但是他做出来的祭祀时挂钟的架子有巧夺天工之妙，人人见后都称赞其为鬼斧神工般的作品，尤其是架子上面雕刻的飞鸟走兽，就像活的一般。后来，当地的国君知道了他的手艺，派人召他前来，特意询问其中的诀窍。

梓庆谦虚地说：“我不过是一个普通的木匠而已，哪有什么诀窍啊。如果您一定要问，我就跟您说说我做工时心里的想法。我在做任何一个架子之前，首先要斋戒，让自己的心静下来。斋戒到第三天的时候，我可以‘忘利’，把那些为自己获得功名利禄的念头全部扔掉，不再怀有庆贺、赏赐、获取爵位和俸禄的思想。斋戒到第五天，我可以‘忘名’，别人对我赞叹也好、诽谤也罢，我都已经不在乎了。斋戒到第七天，可以达到‘忘我’之境，就像忘掉了自己的四肢和形体，不再为外物所动。有了这样的心态，我的眼里也已经不再存在能扰乱我心境的东西，我就拿上斧子进山。进山以后，因为我的心很清净，哪些木头天生长得像野兽，一眼就会看到，然后把木头砍回来，随手一加工，它就成为现在的样子了。这就是我用木工的纯真本性融合木料的自然天性，制成的器物疑为神鬼之工的原因。其实，我做的事情无非是以天合天而已，并没有太多技巧。”

普通人在做一件事之前，考虑最多的恐怕就是利弊得失或名誉，不能静下心来专注于此，结果可想而知，往往不能达到满意的效果。而梓庆之所以有如此高的成就，就在于他能够抛弃名利诱惑的障碍，潜心挑选和加工木材。可见，忘我不只是口头上的理论，而是需要提升修养才能达到的境界。

真正的圣人不追求名誉、地位

南怀瑾先生说："真正的'圣人'，他不需要'名'。世界上圣人菩萨很多，我经常发现社会上很多普通的人，做了好事，甚至做了很了不起的事，别人都不知道，所以我常常看到'圣人'，而且是真的'圣人'。"所以，那些为了获得好声誉而积德行善的人并非真正的"圣人"。

晏子就是一位真心做好事而不求收获名声的圣人。相传，在他外出期间，齐景公趁机大兴土木，以供自己玩乐。由于工程量巨大，直至冬季还没有完工，为了继续建造工程，很多人挨饿受冻，背井离乡。然而，他们敢怒不敢言，只盼望着晏子能早点回国解救他们。

晏子回国后，听说了此事。但在前往齐景公处复命时，他先是什么也不说，待与齐景公饮酒饮到高兴处，才请求道："臣请为君王高歌一曲。"得到允许后，晏子便唱了起来："冷水淋湿了我的衣襟，寒彻骨髓，该怎么办呢？朝廷侈靡，民生凋敝，不容我生存，该怎么办呢？"词句诚恳，歌声悲切，让人听了不免动容。齐景公知道晏子意有所指，就劝说道："先生不必如此，寡人叫他们停工就是了。"晏子这才满意而归。

之后，晏子又特意去了大台工地，拿起藤条打那些偷奸耍滑的人，并骂道："你们这些升斗小民，都有自己的房屋以避燥热潮湿，现在国君叫大家合力造一座大台，却不能迅速完成，以后还能做什么事呢？"众人不解，都认为晏子助纣为虐，帮助君王残害百姓。而与此同时，齐景公却发出了停工的命令，工人全部可以回家，于是大家高兴得手舞足蹈，称颂齐景公体恤百姓。就这样，真正帮助大家摆脱困境的晏子成了大家眼中的坏人，而齐景公却成了大家眼中的好人。

晏子做好事不但不自夸，甚至为了帮助君主恢复名誉而不惜自毁名声。可见，他才是真正的“圣人”，无怪乎连孔子都称赞他说：“古之善为人臣子的，声名归之君王，祸灾归于己身；在朝廷上就帮助君主去其不善，在外则高歌君王的德义。因此，虽然侍奉的是无能的君主，却可以使周边各国朝拜顺服，而他自己仍虚怀若谷，不夸耀是自己的功劳。时至今日，能当此无愧的，恐怕就是齐国的晏子吧。”

道的最高标准：绝顶聪明，绝顶痴

如果一个人有某一专长，某一个最高境界，它会挡住一切。所以到了最高处，就像禅宗经常标榜的如珠子走盘，它没有一个方所，没有一个固定，它一无所知，因此无所不知。

——南怀瑾

很多有学问的人都曾发出这样的感慨：“读的书越多，越觉得自己知道的少，越需要看更多的书充实自己。”这是因为书读得多了，眼界更加开阔，才认识到自己的渺小与无知，才会觉得自己知道的少，就像坐在井里的青蛙一样，只有跳出井口才知道外面还有如此广阔的世界，还有许多需要学习的地方。

在《庄子·南华》中，南怀瑾先生提到的一个俗语“半罐水响叮当，满罐水不响”，和我们常说的“真正厉害的人从不夸耀自己厉害，而并没有多大能耐的人才会到处炫耀自己的能耐”有异曲同工之妙。正如南怀瑾先生所说：“学问充实了以后，自己硬是觉得不懂，感觉到没有东西，空空洞洞的没有什么，这是有学问的真正境界。如果有个人表现出自己很有学问，不必考虑，这一定是‘半罐水’。”

学问到了最高处就是“无知”

南怀瑾先生作为一代国学大师，一定是参透了“道”的“真谛”，才会提出真正的学问到了最高处是“无知”的观点。谦称“只学会了几个音符”的大音乐家贝多芬及坦言自己“像小孩一样幼稚”的科学巨匠爱因斯坦等都是真正有学问的人，却从不自满，从不夸耀自己的成绩。所以，一个人若总是表现出满腹经纶的样子，就可以断定他并非真正有学问的人。

古希腊著名的哲学家、思想家苏格拉底就是一位特别有学问的人，他和他的学生柏拉图及柏拉图的学生亚里士多德被称为“古希腊三贤人”，他本人也是世界公认的西方哲学奠基者。然而，就是这样一个大学问家，他的名言却是：“我唯一知道的就是我自己的无知。”

苏格拉底出生在雅典的一个普通公民家庭，从小生活艰苦，时常挨饿受冻，但是他从不在意这些，而是专心致志地做学问。他熟读《荷马史诗》及当时著名的文学名著，整天到处找不同的人谈话和讨论问题，探求对人最有用的真理和智慧，仅靠自学而成了一位很有学问的人。

到了40岁，苏格拉底成了雅典远近闻名的人，时常和当时的哲学家辩论哲学问题，如什么是虔诚？什么是民主？什么是美德？什么是勇气？什么是真理……很多人慕名而来，聚集在他的周围向他请教问题，他却说：“只有神才是智慧的，他的答复是要指明人的智慧是没有什么价值的或者全无价值的，神并不是在说苏格拉底，他仅仅是用我的名字作为说明，像是在说，人们啊，唯有像苏格拉底那样知道自己的智慧实际上是毫无价值的人，才是最有智慧的人。”可见他认为自己一无所知，并且为自己的无知而自豪，还鼓励人们承认自己的无知。

这就是苏格拉底，一个古今闻名的大哲学家，不但才华横溢、著作等身，而且运用大量著名的实践案例对青年人产生了很大启发。然而，他却从不认同人们对他知识渊博、智慧超群的夸奖，反而认为自己是一无所知的人，可见他才是真正有学问的人。

缺少谦虚就是缺少见识

世界如此之大，所蕴含的知识、道理也是浩瀚无穷的。正所谓“学海无涯”，我们穷尽一生也不能学完这所有的东西。所以，真正有见识的人从来不自称大学问家，如果你觉得自己在某方面很厉害，那就说明你需要学习了。

唐伯虎是明朝著名的画家和文学家，从小立志成为画画方面的高人，于是拜在了当时的大画家沈周门下。沈周见唐伯虎在绘画方面确实有天赋，加上他聪慧好学，就收下了他。

唐伯虎初到沈周门下，学习十分刻苦，几乎到了废寝忘食的地步，所以他很快掌握了许多绘画技巧，绘画水平也有了大幅度提高。沈周忍不住称赞他：“水墨画墨韵明净、格调秀逸洒脱而富于真实感；人物画写实功力较强，形象准确而神韵独具；山水画布局严谨整饬，造型真实生动，山势雄峻，石质坚峭，皴法斧劈，笔法劲健，墨色淋漓。”

见自己进步如此神速，加上老师的称赞，一向虚心的唐伯虎有些骄傲了，练习也没有之前勤奋了，上课也没有之前认真了，这一切沈周都看在眼中，却并没有说什么。

有一次吃过饭，沈周让唐伯虎把窗户打开透透气，唐伯虎走到窗户推了几次竟然打不开窗，他这才发现这并不是真的窗户，竟然是沈周老师的一幅画！唐伯虎又敬佩又愧疚，终于明白，天外有天，人外有人，学习是没有止境的，自己的作画技艺和老师相比还差得远呢！从此往后，他静下心来，踏踏实实地跟老师学习作画技巧，终于成了声名远扬的伟大画家。

唐伯虎在看到自己的进步和听到老师的夸奖之后产生自满情绪，就是因为他见识还不够，不知道比自己优秀的画家大有人在，等他意识到自己的作画技巧还有很大的进步空间后，才脚踏实地地学习起作画技巧，最终成为历史上有名的大画家。

道并行而不悖

所以得道的圣人，晓得形而下有是非，是非是绝对的，只有调和它，中和了。在人道，在形而下就好多了。

——南怀瑾

天地万物都有自己的发展规律，每一种规律都是“道”的体现。那么，这些“道”与“道”之间又有着什么关系呢？南怀瑾先生认为，可以用孔子的“万物并育而不相害，道并行而不相悖”来概括。也就是说，在宇宙和大自然法则中，很多“道”可以同时存在而不冲突，引申到为人处世上，即需要人们向自然的中庸、包容精神学习。

南怀瑾先生在《庄子·南华》中举的例子就十分恰当，他说：“依我们看，天地并不公平，当我们喜欢热的时候，它偏要冷起来；当我们喜欢冷的时候，它偏要热起来。但是，这个天地有了白天给你闹，还有夜里给你休息，它又是很公平的。”天地寒暑交替、黑白分明，看似不公，实则特别公平，这也是“道并行而不相悖”的一大表现。

智者中庸

真正得道的人一定是一个善于“中和”的人，就是懂得儒家所提倡的“中庸之道”，他做事能不偏不倚，不过分亦不缺少火候，也就是调和能力强，让“道”走“两行”的路线且不发生矛盾。自古以来,“中和”之道一直是人们所推崇的，若人人都能达到“中和”的境界，社会和自然都将更加和谐。

《孔子家语》中记载着这样一个故事：曾点、曾参父子二人都是孔子早期的弟子，跟随孔子学习圣人之道。但是，曾点夫妇对后代的教育十分严厉。有一次，曾参在田地里干活，不小心锄掉了一棵禾苗，曾点认为曾参干活不用心，于是勃然大怒，捡起一根棍子使劲儿向曾参打去。曾参是个孝顺的孩子，恭恭敬敬地站在那里任由父亲打，结果被打晕了过去。当曾参醒过来的时候，不但不生气，反而愈加恭顺地对父亲说：“儿子不孝，惹您生气了。”

在旁人看来，曾参是以“仁孝”为先的大孝子，父亲把他打成那样，他不但不气愤，反而还安慰父亲。然而，孔子却不这么认为，他生气地对曾参说：“你父亲下狠手打你，有可能把你打死，如果把你打死，你父亲就会犯罪坐牢，即使不把你打死，打伤了你他也会伤心，也是一个过错。他打你，你就应该躲避，这才是真正的孝。你以为不躲避就是孝，那反而是在怂恿你父亲犯错。这就是最大的不孝。”

可见，在孔子看来，曾参虽然孝，却不懂“中庸之道”，走了“愚孝”的极端。若他真的孝顺，就会努力从中调和，既让父亲出了气，又不陷父亲于犯错的境地，这样才符合节度，可使一切尽快恢复到平和状态。

懂合作才能双赢

在1954年的日内瓦会议及2014年中法建交50周年纪念大会上，周总理和习主席都引用了“万物并育而不相害，道并行而不相悖”这句话，旨在强调国与国之间、人与人之间包容和合作的重要性。任何人一生中都不可能永远春风得意，这是自然规律，如果懂得“中庸”的为人处世原则，就能相互帮助、合作共赢。

子贡和子路都是孔子的学生，却在做了好事后，一个受到了孔子的批评，而另一个则受到了孔子的表扬，这其中就隐藏着合作双赢的道理。事情是这样的：鲁国有一项法律，如果鲁国人在别国遇见沦为奴隶或者被捉去当妾的鲁国百姓，只要肯出钱把他们赎回来，国家就会给一笔奖金作为奖励。而乐善好施的子贡在救人之后却不愿意接受国家给予的奖金。孔子知道后就骂道：“赐（端木赐，即子贡），你错了！圣人做的事，可用来改变民风世俗，不仅仅是有利于自己的行为。现在鲁国富人少、穷人多，向国家领取补偿金，对你没有任何损失；但因你不领取补偿金，其他人会感觉赎人后接受赏金是一件丢人的事，鲁国就没有人再去赎回自己遇难的同胞了，从此以后，赎人回国的好风气将慢慢消失。”

而另一名学生子路，遇到孩子溺水之后，不顾自身的安危，急忙跳入水中将孩子救了出来，孩子的父母为了感谢子路，送了一头牛给他，子路毫不推辞地收下了。孔子得知后很高兴，说子路做得对，鼓舞了鲁国人乐于助人的精神。而且，被救者有益处，救人者同样有回报，这是两全其美的事。

在旁人看来，子贡赎人后不领赏金是博施济众、大公无私的行为，而子路救人后还收礼，似乎很不符合“仁”的理念。然而，孔子却能从长远及共赢的角度考虑，不因一人的美德而废弛整个国家的良好风气，这才是对“道并行而不相悖”的深入理解。正如南怀瑾先生所言：“得道的‘圣人’，取形而下之道，人与人之间怎么处呢？一句话，‘和之以是非’，是非善恶要调和。”可见，做好人也不能太过。

隐士文化：天子不能臣，诸侯不能友

中国文化精神中，隐士派不同意主意的思想，始终在这个民族、这个国家中起很大作用。

——南怀瑾

在《庄子·南华》中，南怀瑾先生提到了东汉时期一个著名的隐士——严子陵。他与刘秀是同窗好友，刘秀在当了皇帝之后曾多次派人查访他的下落，请他做官，他都拒绝了，刘秀只得无奈道：“咄咄子陵，为何不肯相助？”严子陵静默良久后才答道：“士故有志，何至相迫乎？”所以，南怀瑾先生说，严子陵好像得到庄子的秘诀一样，悠游方外，不想钻进圈套。

严子陵称得上是中国历史上以高风亮节而闻名天下的隐士，从他身上也能看出中国隐士所独有的几个特点。首先是知识分子，属于“士”阶层；其次要隐居不仕，追求诗意的栖居地，向往清净自然的生活，不愿为权贵所约束。只有这样的人才能称得上隐士。显然，这是对尊崇道家学说，憧憬“人格独立、思想自由”的中国古代文人的另一种解读。

归隐不是仕途受挫后的消极避世

历史上不乏因为仕途不顺而寄情山水借以转移情志的隐士，这种人内心想做官却不得志，只能隐居深山以表明自己不与世俗同流合污的高洁之志，颇有些“吃不到葡萄说葡萄酸”的畸形心态。

在朝为官不得志而不得已消极归隐的人很多，大诗人李白就是其中之一。李白聪慧好学，少年时代就涉猎广泛，除了史学著作、儒家经典之外，他最喜欢道家文化，从小立志隐居山林，求仙学道，过超脱尘俗的隐士生活，所以他的作品中不乏对自由、山水的向往，时常吐露归隐的志向。然而，他内心又不甘寂寞，想要八朝为官，做国家的肱骨之臣，实现自己建功立业的政治抱负，这就导致出世和入世产生了矛盾。所以，当唐玄宗征召李白入京的时候，他的那句“仰天大笑出门去，我辈岂是蓬蒿人”就明显表达了他心中的喜悦与自豪。而当他在长安不被重用，遭权贵排挤，放逐出京时的那句“安能摧眉折腰事权贵，使我不得开心颜”，则将他把仕途受挫、消极避世说成不愿卑躬屈膝去侍奉权贵的言不由衷展现无疑。

南怀瑾先生说：“狐不谐、务光、伯夷、叔齐这些人，在历史上称为高士，但在正统道家思想看来，还是属于没有出息的，把自己这一条命赔进去以后，既不能救国家救天下，又不能成就自己的道业。”同样的，那些遇到挫折便找座深山躲起来的消极避世之士亦算不上真正的隐士，只能说明他们无法在遭受封建专制主义的打压与追求高尚的人格精神之间找到平衡点。

隐的根本在于守住本心

若说只有隐居不仕的文人才是真正的隐士的话，道家还有一种说法和它不一样，即“小隐隐于野，中隐隐于市，大隐隐于朝”。从后者的定义来说，那种只愿意隐居在山野林泉间享受闲逸潇洒生活的文人只能称得上小隐，而更高层次的隐逸是指在都市繁华之中精神内守、在心灵净土之中独善其身。从这层意义上来说，隐的根本在于守住本心。

东方朔是西汉时期著名的文学家，也是一位高层次隐士。汉武帝即位之后，广泛招揽人才，各地有才能的人纷纷上书应聘，东方朔也趁机上书自荐，但是他的上书内容和别人不同，他足足写了三千片竹简，这些竹简需要两个人才能扛起来，而汉武帝读完这些竹简就花了两个月。后来，汉武帝认为东方朔气概不凡，就诏为常侍郎留在身边。

在政治上，东方朔经常为汉武帝进献富国强兵的计策，如陈农战强国之计，但是汉武帝始终没有重用他。为什么呢？就在于他的性格太过诙谐，常在汉武帝面前谈笑取乐，很多大臣都认为东方朔是疯子，汉武帝也认为他行事太荒诞，只把他当取乐解闷的俳优看待。所以，东方朔一生最高的职务也只是一个一千石的太中大夫。

然而，作为近侍得以相伴汉武帝左右的东方朔，善于察言观色，总能用幽默滑稽的方式直言劝谏，他的言行和思想在无意中对汉武帝造成了很深的影响。比如在上林苑杀鹿之事上劝谏汉武帝不要滥杀无辜，在昭平君杀人之事上谏汉武帝公正执法，在董偃“主人翁”事件上谏汉武帝矫枉风化，等等。

直到临终前，东方朔才一改往日的怪诞风格，直言劝谏汉武帝亲贤远佞，以免误国误民。汉武帝惊奇地感叹道：“如今东方朔说话竟如此正经。”不久，东方朔便生病去世了。有人说，或许一本正经才是东方朔的本性，只是想要在朝为国家效力，又不显山露水，恐怕只有故意装疯卖傻才可以。东方朔时常在酒席上饮酒畅快之时唱道：“隐居在世俗中，避世在金马门。宫殿里可以隐居起来，保全自身，何必隐居在深山之中、茅舍里面。”

古往今来，关于哪种“隐”更值得提倡颇有争议。有人认为，那种借助周围的山水环境忘却尘世，沉湎于世外桃源的小隐实属浪费人才，而能在最世俗的朝野中排除嘈杂的干扰，自得其乐，淡然处之的人才是真正代表道家崇高思想的归隐。所以，像东方朔这样隐居在朝廷中的人，才是心灵升华到极高境界的隐士。

大道无为，无为而治

一个真正好的政治领导人，做到了真正的无为而治，具有道德的成就，则不必要去管理，人民自然就被感化。

——南怀瑾

南怀瑾先生在《老子他说》中讲述了一个简短的故事：明朝的一个年轻人在做官之前去拜访他德高望重的老师，请教怎么样才能把官做好，这位老师告诉他要去好好做官，可千万不要作怪。做官的人，的确往往会作怪。什么是作怪呢？南先生举了一个例子，前任建立了一种制度，实施得很有成绩；而后来人接任之后，为了要自我表现一下，要胜过前任，于是他作怪了，乱出主意，乱订办法。就像一栋房屋，本来好好的，他偏要拆掉另行建造，这中间就出乱子了。

在南怀瑾看来，为政少玩花样，不要乱出什么新招，社会就自然富庶、天下太平了。也就是说，善于管理的人，在适当的时候做个“甩手掌柜”，依然能把自己管辖的区域治理得井井有条。其实，不只是做官如此，个人立身处世也是如此，大道无为，切莫作怪。

以正为本，天下归心

老子曰：“以正治国，以奇用兵，以无事取天下。”意思是说，以正道治国，以奇巧用兵，以无为而治理天下。此前老子多次提出反对战争的观点，这里讲到“用”的时候，就主张在军事上应该有充分的准备。就是你可以不去伤害别人，但是要做好防御，不能受人欺负。南怀瑾认为，老子这是在告诉我们，对于社会、国家、天下事，要以正道治之。真正的政治，就是“以正治国”，不能用权术，不能用手段，而是用真正的道德，不能虚诈，不能作假。

三国时期，蒋琬继诸葛亮之后成了蜀国丞相，此人持重老成，待人宽厚，是以德行服人的典型。相传，蒋琬手下的官吏杨戏性格孤僻，不好相处。有一天，蒋琬来了，大家都纷纷起立以示恭敬，只有杨戏依旧坐在桌边并不多看蒋琬一眼。即便蒋琬主动上前跟他说话，他也是爱搭不理，态度非常冷漠。

有人看不惯杨戏这种傲慢无礼的作风，向蒋琬提出应处罚他，蒋琬却说：“每个人都有自己的个性，杨戏没有回答我的问题，总比说违心的话好。杨戏不回答我的问题，是有他的为难之处。若表示赞同我的话，他心里却不同意；若公开表示不赞同，又顾及我的尊严，因此只好沉默不语。这倒是他爽快的地方，我不能责怪他。”事后，他不但没有非难杨戏，反而因为看重杨戏的才能更加器重他。

还有一次，大家在朝中闲聊，有个叫杨敏的官员在背后批评蒋琬说：“新相做事糊涂，一点儿也比不上诸葛丞相。”有人将这话告诉了蒋琬，蒋琬说：“杨敏说得对，我确实不如诸葛丞相，杨敏并没有说错什么。”主管法纪的人不服，就问蒋琬哪里做事糊涂了，蒋琬坦然道：“假使不如古人，那么政事就办理不好，政事办理不好，那自然就糊涂了。”后来，杨敏因为犯事入狱，大家都认为他先是得罪了丞相，现在又犯罪了，一定活不成了。可是蒋琬内心并没有什么偏见，所以在处理杨敏的案子时没有任何偏颇，而是秉公处理，最终，杨敏被免了死罪。

蒋琬很重道义，器量宽宏，以正直的道德感化他人，在蜀国百姓心中的地位颇高，人们纷纷称赞他“宰相肚里能撑船”，就连诸葛亮都曾经评价他“社稷之器，非百里之才也”。所以，蒋琬即便不用什么权谋和手段，但百姓受到了道德的感化，依然信服于他，愿意听从他的管理。

无为而治，管理的最高境界

当领导的最忌讳乱指挥，下达无数让人记不住的政令，这些都容易让下属感到无所适从。老子曰：“我无为，而民自化。”意思是说，不妄为息，不做太多干涉，而民心自然归化。所以，无为而治才是管理的最高境界。但是，这里的“无为”并不是指什么也不做，而是不做过多的干预，顺其自然，充分发挥百姓的创造力，做到自我实现。

提到“无为而治”，很多人都会想起西汉的开国功臣曹参，他也是西汉的第二位丞相。汉惠帝任命曹参为丞相后，见曹参整日不理朝政，十分不满，疑心他是瞧不起自己。然而，曹参认为，汉朝刚刚建立不久，人民饱受战乱之苦，眼下最需要的就是休养生息，发展经济，恢复生产。因此，实施仁政，轻徭薄赋，让百姓们自行安定的管理方法很符合当时的社会大环境，于是他审时度势，继续使用第一任丞相萧何的治国策略，也因此留下了“萧规曹随”的佳话。

曹参治理国家的要领就是采用黄老学说，无为而治，使百姓的生活不被打扰，自然能过上安乐富裕的生活。就像南怀瑾先生所说：“多忌讳、多利器、多佐巧、多法令，这一切都是有事，是有为法。有为法太过分了，社会就更乱，问题就更多；如果是无为法，就会清静、道德，社会自然安定。”

天下有道，故知足之足

要人类社会真正和平，必须人人反省，人人都能够知足。

——南怀瑾

有句俗话说得好，“广厦千间，夜眠不过六尺；家财万贯，一日不过三餐”。实际上，每个人一生中所需要的东西并不多，可是总有人在欲望的泥沼里越陷越深，被名利左右，失去生命的主宰，离简单的快乐越来越远。

就像南怀瑾先生说的那样，“虽然老子写了五千言，孔子和释迦牟尼佛以及几千年来的圣人，还有黄帝等几个上古的圣人，都在教化人应该知足，可是人就是不知足”。是的，物质财富无边，人的欲望无限，清心寡欲、淡泊名利的境界只有知足的人才能达到。

贪财而取危，贪权而取竭

贪婪是一种容易让人失去理智和判断力的危险心态，不知道满足，就像往气球里吹气而不愿意停下一样，随着气球的膨胀，危险随时都可能出现，如此只会得不偿失。所以，要学会遏制贪婪的欲望。

智伯又叫荀瑶，是春秋末年晋国四卿之一，他本是一个智勇双全的将领，却因为贪得无厌，将自己家族的领地及晋国的领土拱手送给了敌人。相传，公元前 475 年，智伯担任正卿后，率领晋军南征北战，多次立下功勋，而这一次次的胜利，也将他的野心喂得越来越大。

智伯先是联合韩、赵、魏三国侵占了中行氏的领土，灭掉了中行氏。接着又派人向韩国和魏国索要土地，韩国和魏国自知不是晋国的对手，害怕被晋国围攻，只得答应了他的无理要求，均献出一块有万户人家的土地给晋国。智伯食髓知味，尝到甜头后如法炮制向赵国索要蔡和皋狼这两个地方，本以为会很容易得手，可赵襄王却坚决拒绝了他。智伯恼羞成怒，开始联合韩国、魏国攻打赵国。赵襄王奋力抵抗，并采用谋士的计策，迁都晋阳，和智伯做殊死之争。三年过去了，智伯依然没有办法攻下晋阳。这时候，赵国的粮食已经快要吃完了，赵襄王知道再这么打下去也不是办法，于是派人游说魏国和韩国，想要与他们联合起来反抗霸道的晋国。韩国和魏国本就因为上次智伯向他们索要土地的事对智伯心存怨恨，见赵国如此提议，便爽快地答应了。于是，三家联合起来打败了智伯，瓜分了智氏家族的土地，屠杀了智氏两百余人。智伯死后，晋国无人能与韩、赵、魏三家抗衡，三家又分割了晋国领土，也就是历史上有名的“三家分晋”。

晋国灭亡后，天下的人不但没有同情智伯，反而讥笑他“贪得无厌”，认为这一切都是他应该得到的报应。正所谓“贪财而取危，贪权而取竭”，这个故事告诉人们一定要懂得克服自身的贪婪本性，安分守己，以免落得个身败名裂的下场。

心足则物常有余

道家思想常告诫世人知足常乐，这并不是让我们消极处世和安于现状，而是希望我们认识到放纵欲望和贪婪的危害，明白何时该终止自己的欲望，哪些欲望是与“大道”背道而驰的，以及怎样终止那些不合理的欲望，如此才能由知足而获得长久的富足。

相传，古时候江西金溪有个叫胡九韶的人，家境十分贫寒，他却一点儿也不觉得生活艰辛，反而觉得很快乐。由于请不起教书先生，他只能自己教儿子读书，一边教儿子读书还要一边耕田，总是忙得不可开交。然而，他却一点儿不觉得辛苦，总是乐呵呵的。靠种田一年到头也赚不了多少钱，所以他家的收入只能勉强维持全家人的温饱。但是，他却每天都焚香感谢上天，说是又给他享了一天的清福。他的妻子听到之后十分不解，嘲笑他说：“一日三餐全是菜粥，这叫什么清福呀？”然而，胡九韶却说：“我们有幸生活在太平之世，没有战乱。一家大小有吃的有穿的，没有饥寒。家中没有人病在床上，也没有人被关在监狱里，这不是清福又是什么呢？”可见，胡九韶的精神之乐观、境界之高，不是一般人能企及的。

古人云：“贪之与足，皆出于心。心足则物常有余，心贪则物不足。”对于贪婪的人，就算四海之内的财物皆属于他，他也会因为别的不能满足的欲望而感到苦恼；对于知足者，就算一日三餐只有简单的菜和粥，也依然能够知足安乐。胡九韶就是深谙“知足常乐”之道的人，他拥有充足的知识和高超的智慧，能透过对“清福”的理解，看到自身所拥有的财富，及时终止超出自身条件的欲望，从而获得了长久的平安富足和快乐。

第六章

南怀瑾谈道学中的养生智慧：
凭虚御风，栩然蝴蝶

中国传统文化研究者认为，传统文化与中医之间的关系极为密切，尤以道家和中医的渊源最深。可以说，道家的“阴阳五行”就是中医的核心理念，道家“清净无为”的主张和中医“恬淡虚无”的倡导基本一致，而道家的“人法自然”就是中医“顺应天时”的依据。此外，就连中医的一些重要养生保健技术和治疗原则都是从道家的养生方法上转变而来的。因此，学习道家的养生智慧，亦能强身健体、延年益寿。

祛病延年，有道可修

一个人为自己长生不死而修道，这是表示人性自私心理极度的发挥。

——南怀瑾

古往今来，人们的原始求生欲望一直支撑着我们对增加岁数、延长寿命的向往，像“延年益寿”“寿比南山”等祝福语无不表达了人们对延长生命长度的渴望。可是，人类“延年”的最大极限到底是多少？一百年、两百年、一千年还是长生不死？如果可以的话，相信很多人都愿意选择长生不老。

那么，道教术语中的长生不老到底有没有可能实现？相信对于长生这件神秘而又缥缈的事情，很多人都是只听过却没有见过。历史上那些不辞辛苦、劳师动众想要求取长生不老药的人也都是以失败而告终。像想要永远拥有至高无上权力的秦始皇，为了实现长生的梦想，派徐福率领上千名童男童女，去东海为他寻求不死仙药，还命方士为其炼制不死丹药，结果均没有成功。有人认为，长生不老与人的成长规律相违背，不可能实现，沉浸在对长生不老的幻想中是十分荒唐的。而南怀瑾先生却认为，“祛病延年”的“长生不老”之术是有道可修的。

长生与不死是两个不同的概念

在《静坐修道与长生不老》一书中，南怀瑾先生在回答“人类根本没有长生不死的可能吗”这一问题之前，首先向人们解释了长生与不死的含义。

所谓长生，就是“祛病延年”的引申，一个人了解了许多养生必要的知识，使自己活着的时候，无病无痛，快快活活，到了死的时候，既不麻烦自己，也不拖累别人，痛痛快快地死去，这便是人生最难求得的幸福。

所谓不死，不是指肉体生命的常在，它是指精神生命的永恒。但这里所谓的精神生命，究竟是什么东西呢？它的本体，是超越于心物以外而独立存在的生命原始；它的作用和现象，便是现有的生命和心理的意识状态。至于精神的状况究竟是什么情形？那是另一个非常麻烦繁复的问题，留待以后慢慢地讨论。其实，自古以来所谓的修道，乃至任何宗教最高的要求，都是要找到这个东西，以返还到这个境界为目的，只是因文化系统、区域语言的不同，而使用各种不同的方法来表达它的意义而已。

很明显，我们所理解的长生不死与修道之人所说的长生不死不是同一个概念，前者是希望我们的肉体可以永生永世不老不灭，一直存在下去，而南怀瑾先生则认为，真正的长生不死是在身体康健基础上的精神生命的永恒，是修道养生之人想达到的崇高境界。正如南怀瑾先生所言：“‘祛病延年’的‘长生不老’之术，的确是有可能的吗？就我的知识范围所及，可以大胆地说，是有道可修，‘长生不老’是有可能的。”

绝欲是超世逍遥的前提

有人说，既然长生不老并不是说肉体上的永生不死，那么实现起来就容易多了。其实，并非如此，需要修道之人达到超凡脱世的境界才能实现。就像南怀瑾先生说的：“‘长生不老’是一件个人出世的事功，并非入世利人的事业。如果一面要求现实人生种种的满足，同时又要‘长生不老’而成神仙，那只有问之虚空，必无结果。”

为此，南怀瑾还列举了《说郛》上的一个小故事：有一位巨公，听说有一个修道的人，已经活了二百多岁还很年轻，便请他来求教修道的诀窍。这个道人说："我一生不近女色。"那位巨公听了以后，便说："那还有什么意思，我何必修道？"

故事中的修道之人，为了实现"长生"的目的，在男女关系方面做出了绝对的牺牲，这就是在考验自身的自制力了。南怀瑾先生说："除了男女关系以外，现实人生的欲望，有些还胜过男女之间的要求，更多更大。"很多常人想要满足的欲望，都不能有。此外，过分地追求"长生不老"的境界，本身也是一种很大的欲望，在道教中，也是阻碍修行的一大原因。所以，南先生再次强调："一个人在世界上，要想学成某一门的专长，必须舍弃其他多方面的发展，何况要想达到一个超越常人的境界呢？道家的《阴符经》说，'绝利一源，用师十倍'。如果不绝世间多欲之心，又想达到超世逍遥之道，这是绝对不可能的事，至少，我的认识是如此，过此以外就非我所知了。"

历史上追求长生之术而大量服用"金丹"的人，除秦始皇外，还有隋炀帝杨广、唐宪宗李纯、唐穆宗李恒、明世宗朱厚熜等，都因为服用含有铅汞的"长生不老药"，未尽天年即中毒而死。由此可见其欲望之大，离真正的修行养生相差甚远。

受影视和文学作品的影响，我们羡慕神仙的逍遥自在，他们居于天上，不老不灭，没有任何烦恼。而生活在凡尘俗世中的我们，整日为成败得失悲苦不已，那种神仙般悠然自得的生活简直让人无比向往。然而，对仙人而言，人世间的功名利禄、荣华富贵等诱惑不过是过眼云烟，面对这些诱惑，他们能做到心如止水，只把升上天界位列仙班看做永恒的追求，而我们平常人，又有谁能出世到这种境界？

静的艺术：致虚极，守静笃

能够静到极点，才能找到生命的本源，回归生命的根本。

——南怀瑾

《神经科学百科全书》中说：“从广义上讲，任何一种疾病都是由应激反应引起的，或因为应激反应而加重。而松弛反应则是减轻应激反应的一种有效方法。”其实，这里所说的应激反应就是人体兴奋状态下的着急上火，松弛反应就是人体恬淡状态下的虚无入静。所以，老子提出的“致虚极，守静笃”既是提高自身修养的重要方法，又是保持身体健康的养生原则。

诚如南怀瑾先生所说：“求‘静’是养生与修道的必然方法，也可以说是基本的方法。在养生（包括要求健康长寿——长生不老）方面来说，一切生命功能的泉源，都从‘静’中生长，那是自然的功用。在自然界中，任何动物、植物、矿物的成长，都从‘静’中充沛它生命的功能。尤其是植物等等的种子，都在静态中成长，在动态中凋谢。人的生命，经常与活动对等的便是休息。睡眠是人需要休息的一种惯性姿态，人生往复不绝的生命动能，也都靠充分的休息而得到新的生机。”

人体入静能养生保健

“致虚极”就是要做到空到极点，没有一丝杂念与污染，空明一片，湛然朗朗；“守静笃”讲的是修炼功夫，要一心不乱、专一不二地“守”住心。南怀瑾先生说：“‘致虚极，守静笃’这六字真言，已经把所有修道做功夫的方法与修道的境界、层次都说完了。世界上各宗各派、各式各样的修道方式，都是为了达到这个目的。”

对此，我们可以简单地理解为，静就是人在思想安静、意念集中、摒除私心杂念的基础上出现的清醒、轻松、舒适的清修境界。它既不同于我们兴奋时所处的清醒状态，又不同于我们熟睡时陷入的“无知”状态，而是在只有一种意念状态下的身心安静，并且要保持一段时间。就像中国宋元之际的史学家胡三省在注《资治通鉴》时所说：“入静者，静处一室，屏去左右，澄神静虑，无私无营。”入静也称虚静，所以汇集三教历代精义的总结性著作《性命圭旨》也为入静下了定义，“心中无物为虚，念头不起为静”。

随着科学的进步，对于人体入静能否养生保健已经有了一定的结论。20世纪50年代以来，大量的研究表明，当人体进入入静状态时，不但主观上会产生一些舒适的感受，身体上也会发生很多客观的变化。比如，当人体入静时，身体对于能量的消耗减少，人的副交感神经处于兴奋状态，使身体在安静的状态下保持生理平衡。这种平衡能促进肝糖原的生成，帮助身体储蓄能量，使心跳减慢、血压降低、支气管缩小，以节省不必要的消耗。因此，很多高血压初期患者，可以通过入静把血压降下来。另外，对于情绪不畅引起的身体疾病，入静时的平和心态也能够起到很好的缓解作用，像由心情“不顺畅”引起的胃肠痉挛就可以明显减轻。所以，中医理论认为，人体入静能够养生保健和治病。

此外，就精神状态而言，南怀瑾认为，静是培养接近于先天“智慧”的温床。人类的知识，都从后天生命的本能，利用聪明，动脑筋而来。“智慧”，是从“静”中的灵光一现而得。所以，佛家“戒、定、慧”的三无漏学，也是以静虑——“禅定”为中心，然后达到“般若”智慧的成就。可以说，入静是一种对身心都有好处的养生方法。

静并不需要刻意求方法

静是一种清修境界，很多人在一开始锻炼的时候并不能顺利达到这个境界，所以总是希望能有些方法和技巧帮助自己迅速达到这种境界。其实这和真正的静是相违背的，因为这个寻找方法和技巧的过程就是“求静”的过程，是一种欲念，本身就是心不静的一种表现。

南怀瑾先生在《静坐修道与长生不老》中说：“‘静’便是‘静’，用心去求‘静’，求‘静’又加上方法，那岂不是愈来愈多一番动乱吗？若在禅宗来说，便可直截了当地答，‘君心正在闹，且自休去’。这样说来，‘求静’根本便错了。或者说，‘可以不必求静’啰！那也未必尽然。”

然而，南先生也明白，在实际锻炼中，一般人的心理和生理状态都习惯于“动”而非“静”，如心理方面，我们的意识、思想、知觉、情感等都是在变化运动之中的；生理方面，血液的通行、神经的感受、气息的运行，时时刻刻都会发生苦乐的感受。另外，还有一些身体早已有病根的人，在静坐时会发生酸、痛、冷、热、痒等感觉，以及那些初学静坐的人，私心杂念过多，比起动时更加烦躁不安。

面对“入静”过程中这些诸多可能会产生的问题，南怀瑾先生认为，首先我们要认清自己的心，不要逃避，从根本上去克服。了解自己为什么要静坐？找到自己静坐的目的，承认这些纷扰的思绪只是“静坐”的第一功效，就像南怀瑾在《静坐修道与长生不老》中举的一个例子：一杯浑浊的水，当它本来浑浊的时候，根本就看不见有尘渣。如果把这一杯水安稳地、静静地放在那里，很快便会发现杯中的尘渣纷纷向下沉淀。这杯水不是因为在安静的状态下而起了尘渣，实在是它本来便有了尘渣，因为静止才被发现。所以，我们可以把入静过程中产生私心杂念当作一个修炼的目的，不必过分苛责自己。其次，学会体察自己，找到问题的来源。比如在安静的时候想睡觉，或许是身心疲惫造成的，不妨干脆放身而眠，等待睡足了，精神爽朗时，再来“静坐”。

总之，入静是一个由浅入深的阶段，身体状态的各项指标也会因为入静状态的深入而出现有益的改变。做事贵在坚持，入静也是如此，千万不要被初期的困难吓得不敢前进，要踏实地完成这个从心理到生理、从精神到形体、从局部到全身的变化过程。

五味、五色与五脏

学中医、用中药要懂得五味、五色同五脏的关系。

——南怀瑾

在中医理论中，道学的系统观——五行，是自然界运动的原动力。它们彼此之间相生相克，是天地万物借着阴阳演变过程的五种基本动态，即：金、木、水、火、土。这五种状态除了能揭示事物的运动形式及转化关系外，还能运用到人体和食物上。如，五行对应的五色“青（绿）、赤（红）、黄、白、黑”，五味“酸、苦、甘、辛、咸”能分别用来有针对性地滋养五脏，因此就有了现在比较成熟的“五色、五味养生法”。

饮食养生，五色入五脏

“五色入五脏”理论最早出自我国传统医学经典著作《黄帝内经》。该理论认为，人们日常生活中吃的绿、红、黄、白、黑这五种颜色的食物，可以分别归入五脏，具体为：绿色入肝、红色入心、黄色入脾、白色入肺、黑色入肾。

然而，由于中医的不直观性，加上受西医文化的冲击，很多人认为五色养生不科学。对此，南怀瑾先生说：“几十年前学西医的外国人，笑我们是乱说。现在科学证明了，尤其是美国的科学，非常注重颜色了，就是我们原来讲的红色归于心，黑色归于肾。现在美国反而对我们的东西注重了，不止美国，外国都是。我们自己对自己看不起，可怜的地方在这里。”

五色养生是千百年来我们智慧的先人留下的养生经验，早已和现代医学研究达成一致：每天食用五种天然颜色的食物，能增强人体抵抗力，抗氧化，维持人体营养均衡，对人十分有益。所以，中西医养生专家都鼓励我们摄入多种不同颜色的天然食品，以保证人体营养的足够供给。

那么，这五种颜色的常见天然食物都有什么呢？下面，我们来盘点一下。

绿色：绿色食物一般能促进肠道蠕动，帮助身体排毒，减轻肝脏负担，滋养肝脏。芹菜、韭菜、黄瓜、青茄子、青苹果、四季豆、猕猴桃、绿豆、绿茶、橄榄等都属于绿色食物，且价格便宜、吃法简单、易于寻找，需要养肝护肝的人可以多吃这些食物。

红色：红色食物大多有补血活血、减轻疲劳、抗衰老及滋养心脏的功效。红枣、西瓜、山楂、红苹果、西红柿、红辣椒、红萝卜、柿子、枸杞、草莓、樱桃等都属于红色食物，需要养心的人可多食。

黄色：黄色食物大多含有丰富的维生素A和维生素D，能延缓衰老，帮助身体排毒，滋养脾胃。常见的黄色食物有南瓜、柑橘、香蕉、小米、玉米、黄豆、芒果、菠萝等。

白色：白色食物能润肺养肺，滋阴补阳，安定情绪。这类食物比较多，有牛奶、豆腐、冬瓜、山药、凤梨、莲藕、白萝卜、银耳、莲子、荔枝、百合等，尤其是在秋季天气比较干燥的时候，多吃白色食物能从内到外滋养皮肤，补充身体需要的水分。

黑色：黑色食物是入肾的，能通过补肾增强身体抵抗力，延缓衰老，增加头发色泽和亮度，还能预防心脑血管疾病。这类食物有：黑芝麻、黑豆、黑木耳、桑葚、黑米、乌骨鸡、海带、黑枣等。

饮食养生，五味入五脏

《黄帝内经》中说：“阴之所生，本在五味；阴之五宫，伤在五味。”意思是，饮食五味是五脏阴精的物质基础，五味的摄入和调和能促进人体五脏阴精的化生，并通过脏腑对五味的“所喜”“所归”达到补益五脏的目的。但是，凡事都要控制在合理范围内，饮食五味过度或者偏嗜也会对相应脏腑产生刺激，造成脏腑功能失调，进而产生病理变化。

酸味入肝：在生活中多吃酸味食品，像酸奶、醋酸、柠檬酸等可以促进食欲，健脾开胃，增强肝脏功能，但是食用过量则会引起肠道不适，阻碍消化功能正常进行。

甜味入脾：吃甜食能补充身体能量，解除肌肉疲劳、滋养脾胃，增加饱腹感。但是，吃甜食过多则会使人血糖升高，造成维生素 B 族因消耗过多而缺乏，易生龋齿，还容易造成肥胖。此外，吃太多甜食还会影响其他身体器官，像南怀瑾先生在《小言黄帝内经与生命科学》中所说，“味过于甘，像我们江浙一带喜欢用糖做菜，吃多了，也影响心气和肾气”。

苦味入心：我国自古就有“良药苦口”的说法，苦味性寒，能清热解毒，疏泄人体内集聚的湿热燥火，清心明目，益气提神。但是，苦味会刺激脾胃，伤阴耗气，调养身体时尽量不要食用苦味的食物。

辣味入肺：中医理论认为，辣味的食物可以发散、行气、活血，并刺激肠道蠕动，祛除寒湿，促进身体代谢。但是，辣味过于刺激，会破坏胃黏膜，增强肺气，所以有消化道疾病及脾胃虚弱者都不适合多食。

咸味入肾：在中医理论中，咸味食物能调节人体细胞和血液的渗透压平衡及正常的水、钠、钾代谢功能，软化和消散体内的结节和肿块，清理肠道，补充身体因流汗而缺乏的微量元素。但是，过量食用咸味食物会诱发高血压、心脏病、胃肠道疾病等多种疾病。所以，即便盐是人类生存必需的重要物质，照样不能多吃。研究表明，成年人每天吃 6 克盐就足以满足一天的需求。

其实，除了五色和五味之外，气候、地域、季节、个人的体质特点都与五脏有着密切的联系，人体养生也应该将这些因素全面考虑进去，而不能一味地只通过五味和五色食品滋养五脏。

养生至简：睡眠养生，少睡不困

人的睡眠与宇宙法则、地球法则、意境阴阳的道理有关。

——南怀瑾

人的一生几乎有三分之一的时间在睡觉，所以睡眠是养生的头等大事。睡眠好了，人会神清气爽，身体自然也就好了。战国时期的名医文挚对齐威王说过：“我的养生之道是把睡眠放在头等重要的位置上，人和动物只有睡得好才能养生长寿，睡眠还可以帮助脾胃消化食物。”所以，睡眠是养生的第一大补，人如果一个晚上不睡觉，对身体的损伤要很久才能恢复。

睡眠养生，睡对时间

南怀瑾先生认为，人的睡眠大有学问，与天地、自然之法则融为一体，所以虽然有些人需要熬夜完成工作，但只要睡对了时间同样可以达到延年益寿、神清气爽的效果。他做过细致的体验观察，发现一个人真正睡着觉的时间最多只有两个钟头，这两个钟头里人体是在真正地放松，而其余的时间不过是躺在枕头上做梦。

南先生说，“打坐做功夫的人都知道，正午时分只要闭上眼睛，真正睡着三分钟，就等于睡了两个钟头，不过重要的是对好正午时间。”

可见，睡眠养生的关键是把握睡眠的时间。正午时分小憩片刻，就能达到养神安心的作用。

南先生建议那些需要熬夜工作的人，到了正子时（晚上 12 点）的时刻，即使只有 20 分钟的时间也一定要睡一会儿。睡眠是可以训练的，一开始可能会睡不着而感到焦虑，但不要轻易放弃，而要不断训练自己，直到能在正子时入睡。按照人的生物钟，一般时间过了正子时，大约 12 点半以后，睡意就逐渐消减了。时间一点点过去，到了天将亮未亮的四五点或五六点时，困意又会渐渐袭来。这时候如果你倒头睡下去，接下来的一天头都会昏昏沉沉的。因为每晚 21 点到次日凌晨 5 点之间，人体会进行细胞分裂，并把能量转化为新生细胞。这段时间里，人体细胞要完成休养生息、推陈出新的任务。但过了这段时间，即使睡觉，人的身体也很难分裂新细胞了，反而会打乱生物钟。这就是睡觉没睡对时间的典型表现。

所以，就像南先生反复强调的那样，“那些从事熬夜工作或是失眠的人，正子时，哪怕你手里头还有天大的事情也要停下来，睡半个小时，但到了卯时千万不要再睡，这样一天的精神就足够了”。

睡眠养生，顺应天时

人的生物钟与地球运动、昼夜更迭息息相关。睡觉也要顺应天时，才能起到养生的效果。每天晚上 23 点至凌晨 3 点的子丑时是人睡眠的黄金时间。南先生主张顺应天时而眠，他说：“23 点至凌晨 3 点是人体胆肝经最为活跃的一段时间，这段时间肝胆要回血。正所谓‘躺下去回血，站起来供血’。如果每天晚上 22 点左右就能躺下，静静地躺着不要说话，到了 23 点左右，就能安然入睡了。”23 点后肝胆开始回血，能把有毒的血液都过滤掉，并产生新鲜的血液，所以有些老人到了一百岁也没有受胆结石、肝炎或者囊肿一类病的困扰，这就是因为他们顺时而眠，很好地养护了他们的肝脏与胆经。有些人每天熬夜到凌晨 1 点多，肝脏回不了血，有毒的血液也排不掉，新鲜的血液形成不了，胆也无法更新胆汁，这类人就容易得胆结石、囊肿、大小三阳等病症。此外，需要注意的是，入睡前半小时最好不要说话，因为一说话肺经就动了，继而牵引了心经动，人就会进入兴奋状态，很难入睡。

南先生主张的顺时而眠不仅要早睡，还要早起。即使是冬天，起床也不要超过 6 点，春、夏、秋三季则应该尽量在 5 点之前起床。因为如果人在寅时（即凌晨 3 点到 5 点肺经正旺的时候）起床，就能够让肺气得到舒展，以便顺应接下来一天阳气的舒长，帮助人体完成新陈代谢。在这个时间起床，可以帮助肺部肃降浊气，不仅能够养肺，还能够顺应太阳的天势升起人体内的阳气，让人体在接下来的一天里都阳气充足。否则一旦错过了这段起床的黄金时间，就好像发动机失灵了，很难再发动人体的阳气。

另外，每天早晨 5 点到 7 点是人体大肠经活动最为旺盛的时间，人体需要在这时代谢，将浊物排出体外。如果这时候不起床，大肠就得不到充分的活动，因而不能很好地完成排浊功能。浊物停留在体内会形成毒素，对人体的血液和脏腑都有很大危害。

少睡也能不困

南先生认为，其实我们每天睡 4 小时就已经足够了。可为什么还是会困呢？其实这并不是我们身体的需求，而是我们的习性使然。超过了黄金睡眠时间还在睡觉，多睡的时间都是在做梦，这时候再醒过来就觉得特别疲惫。因为那段时间里人虽然躺在床上，但其实脑子已经开始活跃了，并没有处于休息的状态，所以有时候会觉得比白天还累。所以南先生主张，“睡一觉就起来，睡醒了就起来，不要贪睡赖床”。

睡多了，梦就会多，人就会觉得疲劳，这对人体是有害的。此外，南先生指出，多睡的另一个坏处是会压迫肾脏，对五脏六腑都会有或轻或重的压迫现象，长此以往会导致身体肌肉松弛和关节僵化。南先生非常生动地举了一个例子，“你平常可能走个十几二十里地都没有问题，但如果让你躺下五六个月都不怎么动弹，半年以后让你走个三五里地都很困难。因为这时候你的肌肉松弛了，没有力量；你的关节僵化了，不能灵活运动；你的呼吸也弱了，心情更加不好”。

所以，养生三大事，即睡眠、便利和饮食，至于其他的起居、运动和服装等都是养生的辅助手段。三件事情中，睡眠为头等重要。睡以安神为主，神以安心为主，睡眠应该顺应天时，讲究方法，切不可贪睡多睡。

有些梦境能预示疾病

梦是个很深的学问，同医学、心理学、脑以及神经科学都有关联。

——南怀瑾

做梦这件事在我们的生活中并不新鲜，有的人醒来会把梦里的内容当作笑料讲给身边人听，而有的人压根儿就不记得梦到了什么。总之，大家对此并不是特别在意。若说做梦能预示还没有发生的疾病，很多人会觉得滑稽可笑，这种荒诞不经的东西，怎么可能有预示疾病的能力呢？

然而，这种说法是有迹可循的。研究表明，梦境与身体疾病之间是有着千丝万缕的联系的。早在秦汉时期，《黄帝内经》就已经对梦有了记载："是知阴盛则梦涉大水恐惧，阳盛则梦大火燔灼，阴阳俱盛则梦相杀毁伤。上盛则梦飞，下盛则梦堕。甚饱则梦予，甚饥则梦取。肝气盛则梦怒，肺气盛则梦哭。短虫多则梦聚众，长虫多则梦相击毁伤，是故持脉有道，虚静为保。"意思是说，阴气盛则梦见渡大水而恐惧，阳气盛则梦见大火烧灼，阴阳俱盛则梦见相互残杀毁伤；上部盛则梦飞腾，下部盛则梦下堕；吃得过饱的时候，就会梦见送食物给人，饥饿时就会梦见去取食物；肝气盛则做梦好发怒气，肺气盛则做梦悲哀啼哭；腹内短虫多则梦众人集聚，腹内长虫多则梦打架损伤。所以，南怀瑾先生认为，梦是精神的反映，与医学有关。

反复出现的噩梦可能是某些疾病的征兆

现代医学研究表明，很多身体疾病或身体疾病处在潜伏期时并没有太多明显的症状，尤其是在人们思维活跃且工作忙碌的白天，很难察觉到身体给我们的细微提醒，只有到了晚上睡眠的时候，身体完全沉静下来，脑细胞才可能接收到身体给予的微弱刺激信号并做出相应的反应，而“做梦”就是这种反应之一，且不同的身体状况会通过不同的梦境来呈现。所以，当我们反复出现相同的梦境的时候，很可能是身体某些部位已经发生病变。

就像南怀瑾先生说的：“有时候梦到去旅行，到高的地方跌下来了，晓得自己本身有问题。梦中跟人吵架，自己就晓得肝气太盛。或者我们梦到遭遇很多事情，很难过，伤心痛苦的事多，那是你的肝有问题了。太内向，情绪不肯发出来，闷在里头，肝就有问题。”

还有，像心脏有疾病的人会经常梦到被人追赶，心中恐慌却呼喊不出来，心跳加速，急得满头大汗，脚步也不听使唤，无论怎么使劲儿蹬就是跑不动。还有的人会梦到从高处坠落，但是还没有落到地面就已经惊醒。呼吸系统有疾病的人经常梦到负重而行，胸部受到压迫，气管被卡住，呼吸不畅甚至窒息。肝胆系统或者肾脏系统出现了病变的人则会经常梦到有水的场景，如洪水、沼泽、困在雨中走不出来、溺水等。肠胃或消化道有疾病的人则经常梦到自己被迫吃下腐烂的食物。

所以，如果我们经常出现一些不好的梦境，则很有可能是大脑以这种奇特的方式给我们的提醒，我们要重视这些细微的反馈，并去医院进行全面检查，将疾病扼杀在萌芽状态。

梦境有时候反映人的潜在心理活动

我国古代的思想家和医学家普遍认为，不仅物理因素和生理因素能导致做梦，心理因素也会导致做梦。对此，很多有过这方面经历的人也能予以证实，梦境除了反映人们潜在的生理活动之外，还有可能反映人们现实生活中没有表达出来的真实想法。像“日有所思，夜有所梦”说的就是这种现象。

南怀瑾先生认为，“人倒霉的时候梦见黑暗的东西比较多，运气好的时候，亮的多；很少人做彩色的梦，多半是阴的。梦中能够看到彩色的很少，梦中见太阳光的更少，几乎没有，但是也可以做到”。梦里的这种背景颜色就是我们的心理色彩。

此外，南怀瑾先生还举例说：“有时候自己有一个思想出来了，譬如相思病的人，梦中就会团圆，所以唐人的笔记小说《倩女离魂》，就是描写离魂症的状况。医学里头也有这个。中国的医学离魂症，男女爱得太厉害了，结果灵魂出窍，离开身体了，还跑到对方的家里结婚。过几年回来把全家吓死了，因为她还躺在床上，等于一个植物人。然后带她到房间一看，床上那个活起来了，灵魂跟身体又复合了，这是有名的《倩女离魂》。这个历史上的故事，不完全是小说，这种叫离魂症。”

另外，还有一些人在现实生活中感受到了巨大的压力，无论是有关工作还是有关生活的，都会产生一种想要逃避的心理，当他无力改变现状时，就会反映在梦境中。这时候，他做的梦大多会和逃跑有关，有的人在梦中清楚自己逃跑的原因，而有的人在梦里只顾跑，并不知道为何逃跑，但不管是哪一种，这个“逃跑”都是对现实不满而又无法改变现状时的潜在应激反应。

当然了，除了生理因素和心理因素之外，我们的感知、记忆、经历、情感、性格等多种因素都会引起做梦及影响做梦的内容。所以，并不是所有的梦境都代表身体和心理某方面存在潜在病变，只是若长时间反复出现同一种不愉快的梦境，要学会自检，看是否心理压力过大或者身体某方面出了毛病，以免延误最佳治疗时间。

经脉对照天时

子时是第一个时辰，一天十二个时辰，就是中国古代宇宙运行的一个规则。

——南怀瑾

中医理论认为，人体的气血是有运行轨迹的，经脉就是古人在长期生活保健和医疗实践中发现的气血运行通道，其中被称为“十二正经”的手三阴经、手三阳经、足三阴经、足三阳经就是与每天中十二个时辰及每年中十二个月相对应的主要气血运行通道。十二经脉通过手足阴阳表里经的连接而逐经相传，形成一个遍布全身的综合系统，向内可以连接五脏六腑，向外可以连接肌表官窍，将人体各部分相互连接成一个与自然界密不可分的整体。千百年来，这些经脉的运行规律不仅指导着中医的各种临床实践，而且是人们用来防病治病、养生保健的重要依据。

十二经脉对应十二时辰

我国古代伟大又智慧的劳动人民根据一日间太阳出没的自然规律、天色变化，以及自己日常的生产活动、生活习惯把一昼夜划分成十二个时间段，每个时间段就是一个时辰。若按照我们现在的计时方式来算的话，一个时辰刚好是两个小时。另外，古人为了方便记忆，通常用十二地支来表示十二个时辰，从晚上11点至凌晨1点的子时开始，依次是：凌晨1点到3点为丑时，凌晨3点到5点为寅时，早晨5点到7点为卯时，早上7点到9点为辰时，上午9点到11点为巳时，中午11点到下午1点为午时，下午1点到3点为未时，下午3点到5点为申时，傍晚5点到晚上7点为酉时，晚上7点到9点为戌时，晚上9点到11点为亥时。

在《小言黄帝内经与生命科学》一书中，南怀瑾先生告诉我们："人的生命是个小天地，天地的大法则就是与人的身体一样的，这叫天人合一。"那么，相应地，南怀瑾先生提出了"一年四季有春夏秋冬，我们身体及情绪的感觉也有春夏秋冬。四条经脉太阳、少阳、太阴、少阴等，这是关于人体的重点，与春夏秋冬四季都有关系——春脉弦、夏脉洪、秋脉浮、冬脉沉"。此外，十二个时辰也分别对应人体的十二正经。

举个例子，子时是足少阴胆经巡行最旺盛的时间，这个时间段最应该注重胆的保养。中医理论认为，"肝之余气，泄于明胆，聚而成精"，胆的工作需要在熟睡中进行，人若能在子时之前入睡，胆就能正常地帮助身体排毒代谢，使人早晨醒来神清气爽，气色好，但是一些人长期在子时还没有入睡，胆汁就会因为排毒代谢不良而生结晶或结石，表现在面部就是面无血色，气色不佳，眼眶发黑。

再往后，丑时是肝经巡行开穴的时间，这时候肝经最旺盛。肝在人体中的重要作用很多人都知道，它主藏血，帮助身体排毒，主情志，主疏泄。中医理论认为，"人卧则血液归肝，人立则血液归于四肢"。所以，如果丑时还不能进入熟睡状态，肝脏就不能得到足够的血液滋养，因此影响排毒，使身体无法完成正常的新陈代谢，进而导致长斑长痘、无端疲劳、视力减退、性功能减退、头晕眼花、皮肤枯黄等。另外，肝的正常作息规律长时间被打破，还容易使人体肝气郁结，影响情志，产生一系列实质性的疾病。

南怀瑾先生说:“天人合一不是这个天跟人怎么合，而是说，生命的法则那个动力跟天地是同一个规律的，所以叫天人合一。”人作为个体，生长在大自然环境中，也要按照自然的运动规律安排自己的作息，十二时辰就是大自然给出的经脉巡行时间依据，人只有在各个时辰做对巡行经络有益的事，才能符合“天人合一”的规律，更好地养护身体。

根据身体在十二时辰的反应判断病变部位

南怀瑾先生在《小言黄帝内经与生命科学》中提到了一个中医术语——子午流注。他说:“学针灸的有个子午流注的方法，大家学医的应该知道。子午流注就讲天地之间固定的一个运动，活的子时，是把天地运行的法则用到你身体上来。”简单来说，子午流注就是中医以“人与天地相应”的观点为理论基础，认为人体的功能活动及病理变化会根据自然界气候的变化、时辰等的影响而呈现出一定的规律。根据这个规律，我们除了能知道每个时辰应该注意的养生事项外，还能依据规律的发展异常情况定位身体病变的部位。

比如，每天的凌晨 3 点到 5 点，太阳刚露出地平面的时候，也就是古人所说的寅时，是我们身体的肺经巡行最旺盛的时候。中医理论认为“肺朝百脉”，当肝在丑时完成了推陈出新，把新鲜血液提供给肺的时候，肺会在我们熟睡的状态下将这些血液送往四肢百骸，以供身体需要。到了早晨，人才会精神饱满，皮肤细腻光滑，呼吸均匀通畅，体内的垃圾毒素得以正常输出代谢。然而，如果我们在子时、丑时都睡得好好的，却总是在寅时莫名其妙地醒来，就要考虑肺部是否出了问题。而本身就有肺病的人则会在这个时间段反应更加强烈，可能出现咳嗽加剧、呼吸困难、胸闷气短等症状。

其他时辰也是如此，如果身体出现异常，我们一定要养成先看时辰的习惯，然后依据这个时辰所对应的经脉，自检身体出毛病的部位。

十二时辰与十二经脉养生法在我国有着悠久的历史，其理论基础在中国医学典籍《黄帝内经》中早有记载，其将人体十二脏腑的气血运行与一天十二时辰相结合，用来更有针对性地养生及及时发现身体潜在的病症，以达到恢复人体正常气血运行规律及治疗疾病的目的，在中国乃至世界医学史上都是十分宝贵的文化财富。

学会笑，以自得为功

讲到乐观的人生，那是非常重要的。

——南怀瑾

“以恬愉为务，以自得为功”是《黄帝内经》提出的精神养生的重要原则之一，旨在告诫人们要重视乐观心态对养生的重要作用。生活中，我们要以恬静快乐为根本，以悠然自得为目的，不要让思想有太多顾虑。如此，精神就不易耗散，年寿可达百数之限。

事实上，古往今来，但凡能够健康长寿的人，无不是“爱笑”的人。很多时候，“笑”不但是人心情愉悦的催化器，还是治病的良药。正如南怀瑾先生在《小言黄帝内经与生命科学》中所说：“学佛有四个字，叫‘慈、悲、喜、舍’。这个‘喜’很难，但是人只要一笑，整个脸上肌肉拉开，脑神经马上松了，病不医也自然好了，所以学笑很有道理，大家都需要。”

笑是一种特殊的医疗行为

中医理论认为，恼怒、悲伤、焦虑等负面情绪容易暗耗气血，甚至影响气血的生化，同时损伤脏腑，让人气机不畅，导致很多疾病莫名其妙就找上门来。因此，乐观积极的心态和充沛昂扬的精神对人体健康的维持显得尤为重要。近代医学早已证明，时常开怀大笑能清除负面情绪，使人体内的很多器官得到短暂的锻炼，调节大脑神经，使易怒者的紊乱心理趋于正常。

中医文化博大精深，用笑治病的例子不胜枚举。其中，金代大医学家张子和“三笑治病”的故事最为有名。张子和在医学理论上有很多创见，对后世有很大影响，他治病最常用的一大手段就是“幽默逗笑疗法”，即用诙谐风趣的方法让患者病愈。

当时有个举人老来得子，待孩子十分金贵。但是，孩子不到一周就夭折了，失去爱子的举人夫人万分难过，整日以泪洗面，由于悲伤过度，竟然一病不起。举人找到张子和，请他为夫人看病。张子和一口答应了下来。但是，在为举人夫人诊脉时，张子和忽然脸色一沉，站起身就要走，边走边说：“大事不妙，大事不妙啊，我老伴让我买油豆腐嵌肉，我还没有办好，得马上回家，不然，老伴一定会打我的。容我今日先走，明日一定上门送药来。”举人夫人听完，不觉一笑，随他去了。

到了第二天，张子和带着药就来了，他故意将药放在一个口很紧的袋子里，在里面摸索很久也没有掏出药来，手上却被袋子里的红丹绿粉染成了五颜六色，无奈之下，他一脸抱歉地对举人夫人说：“请夫人原谅，药丸忘在家中，明天一定送到！”说着，无意中抹了一把脸上的汗水，将脸涂成了大花猫，夫人见状，忍不住笑出声来。

又过了一天，张子和穿着长袍来到举人家，一路走来有点热，他便脱下外衣，露出了里面红绿色的女人衣衫，张子和看了看自己，羞愧地对大家说：“又让夫人见笑了，我真糊涂，怎么把老伴的衣服错穿在身上了呢？”举人夫人这次笑得更加厉害，前俯后仰的，很久才止住。

张子和走后，举人夫人不解地问丈夫：“官人，你这是请的什么医生？第一次说怕老婆，第二次涂了个大花脸，第三次穿了他夫人的花衣裳，这能治好我的病吗？”说完，又忍不住大笑一通。此后，举人夫人又把这些事当做笑料和别人讲了几遍，奇怪的是，她的病竟渐渐地好了。

事后，张子和解释道：“喜可治悲，以谑浪亵狎之言娱乐之。”也就是利用幽默诙谐的语言和滑稽可笑的表演，使患者开怀大笑，以达到治悲的效果。正所谓“一个小丑进城，胜过十个名医”，有时候，乐观开朗的情绪对人体健康的好处比药所起的作用还大。

你的心态决定你的身体状况

随着医学的发达，人们把疾病与人的性格之间的关系研究得越来越透彻，可以毫不夸张地说，我们身上的很多病都是为我们的性格“量身定做”的，心态决定着我们的身体状况。

正所谓“百病皆生于气”，如果一个人性格抑郁，比较爱生气，无论是“显性”的雷霆大怒，还是“隐性”的暗自伤感，都会在每天里悄然消耗着气血。如果此时不重视，等到它对气血的损害逐渐加大的时候，或许已经没有了转机。《红楼梦》中的林黛玉就是典型的因长期抑郁而暗耗气血的例子。根据中医理论的说法，思伤脾、怒伤肝、悲伤肺，七情分属五脏，七情过度则必然会损伤脏腑，而脏腑受到伤害之后，气血的生化和运输功能会减弱甚至消亡，人也会随之气血虚、阴虚、阳虚乃至死亡。其实，身体就像是一个蓄水池，有出水的时间，也有进水的时间，才能保持收支平衡。如果一直情绪抑郁、劳心伤神，不仅延长了出水的时间，而且逐渐减小了进水的流量，如此下去，蓄水池肯定会在不知不觉间干涸的。

而积极乐观的人，会以明月入怀的心态对待生活中的每一件小事，不会让不良情绪扰乱机体的正常运行。他们体内的气血一直都是充足和畅通的，因此呼吸顺畅、血液循环通达，全身放松，免疫力增强，如此，即便不吃任何营养品，依然六脉调和、神采奕奕。

那么，怎样才能成为一个心态乐观、精神内守的人呢？从根本上来说，需要培养自身的价值观和修养。一个价值观健全、有修养的人，一定是个善于调节自身情绪的人。所以，南怀瑾先生说："人生的价值观，人生的修养，都在这个医学里头。我们普通把它当医学看，其实一切都通通包含在内了。"

身病易治，心病难医

一般医生能够治身体的病，却不能治心。

——南怀瑾

南怀瑾先生在《小言黄帝内经与生命科学》中提到一副对联，上联是：有药能医龙虎病；下联是：无方可治众生痴。这副对联是南怀瑾先生自己写的。当时，他在美国看到一幅日本人画的中国画，觉得非常好，画的是唐朝大医师孙思邈，他有感而发，就写下了这副对联。意思是说，像孙思邈这样的神医连龙王和老虎的病都能医治，却不能把世人思想意识上的毛病给治好。

正所谓“身病易治，心病难医”。随着医疗水平的进步，人身体上即使是过去视为绝症的疾病，如癌症、肺结核等，医生还是有办法治疗和缓解的，但是心理上的疾病，像欲望、贪念、愚痴、烦恼等则很难医治。所以，佛家认为，一切疾病皆以“心病”为主。

心病还须心药医

近些年来，心病对人们健康的影响越来越大，人们对心病的重视程度也越来越高。像心理医生、心理咨询师等都能通过对心理疾病患者的咨询和了解，为他们提供有效的帮助。然而，心病还需心药医，对一些不知道病因的心理疾病患者，再高明的心理专家也会感到束手无措。

我国历史上曾经有过这样一个医治心病的小故事：说是我国“四大名著”之一《水浒传》的作者施耐庵因为懂得“心病终须心药医”的道理，曾用几副简单的对联就治好了一位心病患者。

据说在施耐庵居住的地方，有一位叫顾斐的人，已经患病很长时间了，整日里精神恍惚，嘴里念念有词。他的家人请过很多郎中为他诊治，均没有什么效果。这病生得太奇怪，大家都一筹莫展，只有施耐庵不急不慢地坐在病人窗前观察他的病情和神态变化。这时候，病人又在念叨“五月艳阳天”，施耐庵立即对了句“三春芳草地”，令人想不到的是，病人突然有了精神，接着又说了一句“丁香花，百头、千头、万头”。施耐庵对道：“冰（氷）凉酒，一滴、二滴、三滴。”病人欣喜地看着施耐庵，接着又说：“山石岩前古木枯，此木即柴”。施耐庵稍加思索，随即对上：“白水泉中月日明，三日是晶。”至此，病人便痊愈了。

施耐庵了解到，原来顾斐爱慕一位才女，但是才女要求必须对上三副对联才肯与他成亲，顾斐思考很久，依然想不出下联，就这样患上了相思病。施耐庵通过细心观察认真分析，猜测顾斐患的是相思病，于是帮其对出下联，治好了他的心病。

所以，想要治疗心病，就要先解开致病的心结，若是心中有恨，就先想方设法消除仇恨；若是心中有贪念，就要千方百计消除贪念。正所谓“心病终须心药医，解铃还须系铃人”，想要治疗心病，从源头上找到原因是关键。

最好的心理医生是自己

每个人都有不愿被别人触及的私密领地，而这块领地又是特别容易产生心病的地方。所以，我们身体上千奇百怪的毛病都可以找医生治疗，而心病只能靠自己医治。

那么，有心病时，我们该怎样自救呢？在《小言黄帝内经与生命科学》一书中，南怀瑾先生给出了一个办法，就是研究老庄。他说："我们这两天也在讲《庄子》，实际上就是医学的课。中医出在传统文化的道家，同《易经》《老子》《庄子》有密切的关联。这几天讲的《庄子》，里头许多都是医学，所有思想病、政治病、经济病，各种病，在《庄子》里头提得非常多了，只看大家如何去研究。释迦牟尼佛的佛法、老庄以及《易经》，都是治心的药，也是治心的方法。一般医生能够治身体的病，却不能治心……换一句话说，《庄子》是医心的，不管西医、中医，都只是医身体的。心是个什么东西？思想情绪这个心很难医。"

南怀瑾先生认为，真的能治心病的是佛家、道家、老庄，这是中国文化中最高层次的。特别是《庄子》是医心病的良药，甚至比孔子的《论语》还有用，想要医治自己心病的人可以好好研究一下。

所以，我们不能只简单地把道家学说看作是国学的一部分，而应该认识到，它是集结了古代圣贤的大智慧，总结了接人待物应该懂得的道德伦理，是能够帮我们解开心结、医治心病的哲学体系，值得每个人认真学习和研究。

阴阳四时，万物之始终，死生之根本

顺着这个四时的变化，则不会生病。

——南怀瑾

成书于春秋战国时期的《黄帝内经》，是中国传统医学宝库中的瑰宝，它从整体出发，强调人体本身与自然界是一个整体，自然界气候的变化对人体生理、病理有着很大的影响，千百年来，它以此为依据，指导人们趋利避害，其中的养生智慧早已成了人们追求健康和品质生活必不可少的法宝。

人法自然，顺应四时

中医养生讲究效法自然、“天人合一”，其中，顺应四时是养生的第一要理。正所谓“逆之则灾害生，从之则苛疾不起”，所以南怀瑾先生在《小言黄帝内经与生命科学》中明确指出：“违反这个原则就要生病，整个地球人类，身体也是一样。顺着这个四时的变化，则不会生病。拿生理医理来讲，‘是谓得道’。这个‘道’是什么意思？就是守住那个原则、那个法则。道者路也，这是人生的大道，一条路。顺随这个法则生活，你就得道了。”

那么，怎样才算是顺应四时呢？总的来说，就是根据一年四季气候的变化合理安排自己的饮食起居以达到阴阳平衡、脏腑协调的目的，并在此基础上遵循“春夏养阳，秋冬养阴”的养生原则。正如南怀瑾先生所说：“这个阴阳四时，春夏秋冬，一年四季气候的变化，实际上是两个东西：一个冷，一个热。这个要懂得天文，懂得阴阳，因为半年属阴，半年属阳。一年分阴阳，冬至一阳生，夏至一阴生。”

春天是一年中最舒适的季节，草长莺飞，万物复苏。在这个季节里，大地开始焕发生机，人们若想效法自然，就要晚睡早起，穿宽松的衣服，散开头发，放松心情，多到自然中散步，感受这欣欣向荣的时刻，让身体内的阳气与万物一同生发起来，以保证身体在夏天茂盛生长时所需要的能量。如果违背这一季节的养生规律，就会伤害到肝气，到了夏天还会因为身体虚寒而生病。

夏天的三个月是万物生长最为旺盛的季节。在这个季节里，天地之气已经完全交会，万物在阳光的照耀下蓬勃生长。人们应该晚睡早起，不要压抑自己的心情，更不要无端生气发火。同时，由于夏天特别炎热，人们本能地喜欢坐在空调屋里喝冷饮、吃雪糕，但这样是十分损伤阳气的。夏季阳气外附，脾胃阳气虚，若再用寒冷的东西刺激它，无疑是雪上加霜。若阳气发散受阻，就会伤害到心神，到了秋天，身体所需的收敛之能量不足，就会发生疟疾。

秋天的三个月，天气肃清，果实成熟，树叶已有飘落的迹象。这时候，人们应该早睡早起，让心态平和安静，不要受秋天肃杀之气的影响，收敛外散的元气，适当地添加衣服。同时，要注意对肺的养护，可以多喝点滋阴润肺的汤水。不要再让情志外泄，以免身体的收敛机能在秋天不能正常完成，影响冬天的闭藏功能。

冬天是一年中的最后一个季节，最明显的特征就是冷。这个季节，水面结冰，大地冻裂，很多冬眠的动物早已钻进自己的洞穴里藏了起来。这时候，人们要做的就是不扰动自己的阳气，要早睡晚起，最好等到日出之后再起床。要收敛自己的情志，不要随意宣发，不要超负荷运动以免损伤阳气。所以，顺应冬气，就应该做好闭藏工作，保护好自己的肾脏，以免来年春天缺少焕发生气的能量。

谨守阴阳，顺应节气

节气是指一年中的二十四时节与气候。人们将自然界气象、物候的变化细致地分布在二十四时节中。随着农业的发展，节气更多地被作为传统科学依据用来指导农事，其中积聚着我国劳动人民千百年来的生活智慧和农桑经验。然而，在中医理论中，人与自然是“形神合一”的整体，人类身体的变化、疾病的发生发展与二十四节气同样联系密切。在人类与疾病的漫长斗争中，人们逐渐将二十四节气的特点运用到养生保健上。如今，人们已经摸索出二十四节气应该注重的养生规律，能通过养精神、调饮食、练形体等方式达到强身益寿的目的。

就像南怀瑾先生所说：“一年三百六十天，分十二个月，一个月三十天。再重复一次，五天叫一候，三候叫一气，所以一年七十二候，二十四个节气，都有变化。中国的这些科学与医学都是相通的，像季节变化等等，通了以后才知道其中有个原理的。一年来讲，冬至一阳生开始，白天慢慢长起来了。到了夏至一阴生，夏至也叫做长至，白天开始短起来了，这个道理要配合天文。”

那么，我们该如何谨守阴阳、顺应节气呢？举个例子，假如到了一年中的第二个节气“雨水”时节，对于农民来说，正是天气渐暖、雨水送肥、春耕管理的关键时期，对于我们来说也是一年中最重要的时期。

联系到养生上，这段时间气温回升、冰雪融化、降水增多，人体内的湿气就容易加重，湿困脾土，我们就需要加强对“脾胃”的养护。

南怀瑾先生也在一段话中点出了两个节气应该注意的养生问题，他说：“冬至一阳生，夏至一阴生，是地球的物理。我们的身体，冬天吃火锅，什么都不怕，消化力很强；夏天就不行了，胃是寒的。所以这就是天地阴阳的道理。阴阳两个字是代号，它是古人对科学东西的浓缩。”从中我们可以看出，自冬至起，白昼一天比一天长，阳气回升，天地阳气开始渐强，人的脾胃消化能力强，吃点肥甘油腻的食物并不难消化；而从夏至之日起，阳极阴生，阴气都潜伏在体内，脾胃都是寒的，消化力不强，在饮食上就要以温和清淡为主。

总的来说，在天地之间、六合之内，一切事物都是由不停转换着的阴阳二气结合而成，人生于天地间，自然也不例外——阴阳平衡，健康无病；阴阳偏离，众病丛生；阴阳离绝，精气乃绝。因此，我们只有顺应四时、顺应节气，才能跟得上阴阳消长的规律和变化，维持正常的生命活动。

圣人不治已病，治未病

看起来没有功劳，其实功劳最大。

——南怀瑾

南怀瑾先生认为，在中国的上古文化中，医道和政治是一样的，二者的原理相通，懂得政治的历史名家都懂医道。就像《黄帝内经》中说的，“是故圣人不治已病治未病，不治已乱治未乱，此之谓也”。这是提醒我们要注重察微知著、防微杜渐，遵循疾病的生成规律，调气于疾病之先，将麻烦消灭在萌芽状态，要用对待政治的严谨态度来对待医道。

基于此，很多养生专家不禁感慨道：从中医角度来说，与其说“不治已病治未病”是一种治病方式，不如说它是一种生活态度。它的态度在于“未晚先投宿，鸡鸣早看天”，也就是我们说的凡事以预防为主。

预防大于治疗

华佗是我国历史上有名的医学家，民间曾流传着一个关于他的小趣事。有一次，华佗和人说话时无意间提到医术，有人问他：“你们家弟兄三人，都精于医术，是天下有名的医生，如果分个伯仲，究竟谁的医术最高？”本以为名满天下的华佗会说自己医术最好，没想到他却说：“我们三个人的研究各有侧重，也各有所长，但论医术的高明程度，大哥最好，二哥次之，我是最差的那一个。”那人不解，接着问：“你是全国知名的神医啊，他们的名气显然不如你。既然你医术不如他们，为何最出名？”华佗这才道出了原因，他说：“大哥治病，主要在病情发作之前，由于一般人不知道他事先能铲除病因，所以他的名气无法传出去，只有我们自己家人知道。二哥治病，主要在病情发作初起之时，一般人认为他只能治轻微的病，所以他的名气只传于本乡里。而我治病，是在病情最严重的时候，一般人都看到我能做大手术，也能起死回生，所以大家认为我的医术高明，名气自然就传遍全国了。”

从这个小故事可以看出，疾病从萌发到病成是要经历几个阶段的。先是气机变弱，我们的身体尚未受到损害，疾病还没有真正形成的阶段，这时候是治疗疾病的大好时机，需要有高超的医术才能看出患者的“欲病”状态。华佗的大哥正是有了这种能力，才能未病先治。接着，是疾病发生了，但还不太严重的阶段，人们已经有了轻微的感知，把它称作小病，这时候也是治病的好时机，华佗的二哥能在这时候治好疾病，也是遵循了疾病的生成规律。所以，他的医术也算高明。华佗治病时已是到了疾病更严重的阶段，也就是我们常说的大病，临近生死，是“病已成而后药之，乱已成而后治之”。所以，尽管华佗名气很大，他的医道却和圣人提倡的治病之道却不符。因此，华佗自称是三兄弟中医术最差的。这也正应了南怀瑾的那句话：“看起来没有功劳，其实功劳最大。”

真正精通养生之道的人明白，通过各种有效的养生方法预防疾病的发生比疾病发生到严重阶段再来治疗要好得多，不但能保持身体的抵抗力，使身体免受痛苦，还能省下高昂的医药费，岂不是一举两得的事？故而，历代医家都以治未病为准则，使治未病成为中医的一大特色。

重视养生，防患未然

人体健康的维护，重点在于通过正确的生活方式对人体正气进行养护，使精足气充、气机顺畅、阴阳平衡，从而增强人体的调节能力和抵抗能力。如此，即能有效地防止疾病的发生与发展。所以，拥有健康的生活方式才是预防疾病、维护健康的关键，是延缓衰老、颐养天年的基础。

那么，我们具体要怎么做呢？其实，《黄帝内经》中早已给出了答案。像“从阴阳则生，逆之则死；从之则治，逆之则乱。反顺为逆，是谓内格”就是在告诫我们生活方式要顺从阴阳的消长，不能违反四时的气候变化规律。正所谓“春生、夏长、秋收、冬藏”，每个季节都有各自对应的脏腑，每个季节都有其特点及特定的养生方式，不能违背。恰如南怀瑾先生说的：“所以你要懂阴阳四时这个法则，自己养生，调养、保养这个身体。如果违反了就会生病，内在出问题了。”

再如：“法于阴阳，和于术数，饮食有节，起居有常，不忘劳作，虚邪贼风，避之有时，恬淡虚无，真气从之，精神内守，病安从来。”这是在要求我们按照自然界的变化规律而起居生活，除了要顺应四季的变化外，还要符合一天的阴阳规律，比如“日出而作，日落而息”。另外，饮食要有节制，不暴饮暴食，不过分劳累，一切都保持在适中的状态。还要根据每天十二个时辰所对应的邪风形成时间以规避伤害，保持心情舒畅，守住自己的心神，如此，疾病就无从发生了。

总的来说，中医上常宣传的“不治已病治未病”的理念，就是在时刻警醒和告诫我们，再先进的医学技术也是“治得了病，救不了命”，真正对我们的身体健康起决定性作用的，永远是那些不被我们重视的生活方式和生活习惯。我们只有遵循养生之道，保养精神，使脏腑功能协调，未雨绸缪，才能延缓衰老，使身体健康少生病。

无怒，夏季养生之道

心理上对人、对事宽容，不要有怨恨的心理。

——南怀瑾

一年之中，过了万物复苏的春季，就到了万物生机最旺盛的夏季。由于夏季日照时间长，阳气充足，给万物的生长提供了足够强大的能量，所以说夏季是养生的关键季节。“冬病夏治”的中医理论就是在此基础上提出的。南怀瑾先生说：“温暖的地方会生长，寒冷的地方就是死亡。”如果不懂得利用这段时间去固本升阳，维护正气，攒足本钱去抵御冬季的寒邪，就辜负了大自然的恩赐，在寒冷到来时就会过多地消耗身体的能量。

夏季养生的关键在于养心

立夏过后，就到了中国传统文化所界定的“夏三月”，这个季节与人体相对应的器官是心。按照传统医学说法，心属火，火代表炎热的夏季。所以，夏季是一年中心阳最为旺盛、功能最强的时候，也是中医提倡的“养心保健”的最佳时期。

然而，我们都知道，夏季最明显的特点就是“燥热”，在炎热的气候下，人体阳气外发，伏阴在内，气血都活跃于机体表面，最容易让人感到困倦烦躁和闷热不安，思维很难平静下来，人容易暴怒。这也是为什么到了夏季，一言不合就大打出手的人增多的原因。外部的燥热带动心火内生之后，容易以热助热，火上浇油，阻碍人体气机的正常运转，扰乱心神，引发一系列与心有关的疾病。所以，夏季也是心脏病的高发期。

但是，这里需要提醒一点，中医理论中的“心”和西医上所说的“心”不是一个概念，《医学源流论》曰：“心为一身之主，脏腑百骸皆听命于心，故为君主。心藏神，故为神明之用。”在中医理论中，所谓的“心”除了血肉之心即实质性心脏以外，还包括神明之心、即进行意识、思维、情志等活动的现代医学所称的大脑的功能。

心静自然凉

那么，到了夏季，我们该怎样进行自我调节呢？既然夏季易怒的原因与“燥热”有关，想要让心情自然平静，就要以“凉”祛“热”、以“清”除“燥”，亦即清凉解燥。

在心理上，我们应该“使志无怒”，也就是南怀瑾先生在《小言黄帝内经与生命科学》中所说的少发脾气，对人、对事宽容，不要有怨恨的心理。让自己的思想平静下来，不大喜大悲，从内到外神清气静，预防心火暗生，切勿因厌恶长日而心情烦躁、滥发脾气，然后越怒越燥，越燥越怒，形成恶性循环，影响身体健康。

在作息上，要“夜卧早起”，也就是为了弥补自然阴气的不足，稍微晚睡一点；为了多吸收阳气，稍微早些起床，尽量接受阳光的照耀，不要过分贪阴。睡眠不足的话可以适当午睡一会儿，尤其是在中午 11 点到下午 1 点之间，是心经当令的时间，午睡有利于养心。

在精神上，要昂扬饱满，敢于宣示和表达自己，不过分隐藏自己的情志，使身体的气机能充分地调动起来、发泄出去。

在运动上，要以温和运动为主，注意减少剧烈运动，以免出汗过多损伤心阴，像那种比较柔和自然的养生操和动静兼容、刚柔并济的太极拳都比较适合夏季锻炼。如此，身体起伏有致，能保持运动时的阴阳平衡，与气候的阴阳消长相吻合，还能舒缓心情，锻炼形体，保存正气，养心聚神。

也就是说，夏季养生要符合《黄帝内经》上所说的养生原则，即“夏三月，此谓蕃秀，天地气交，万物华实，夜卧早起，无厌于日，使志无怒，使华英成秀，使气得泄，若所爱在外，此夏气之应，养长之道也。逆之则伤心，秋为痎疟，奉收者少，冬至重病”。

我们可以理解为，夏季养生的重点在于善养自己的意志，也就是南怀瑾先生在《小言黄帝内经与生命科学》中提到的“‘无怒’，阴气就可以发泄出去了”。这是夏季与人体相对应的规律，关键就是使人“无怒”，让“气机”可充分地、正常不乱地“宣泄出去”。而人一旦发怒，就会使“神志”受伤，影响“气机”的正常宣泄，秋天会发为寒热往来之病，供秋气收敛的精气就少了，到冬季就会发为内虚的重病。所以，想要达到“天人合一”的养生境界，必须遵循“无怒”的养生原则。

精与魂，藏肾肝

中医所讲的人体跟天地连起来讲，人身就是个小天地。

——南怀瑾

在中医里，无论是饮食养生、体质养生、四季养生还是十二时辰养生，最终还是要通过对五脏六腑的作用来实现。人体的五脏是指心、肝、脾、肺、肾，六腑是指胃、胆、三焦、膀胱、大肠、小肠。在中医理论中，五脏的主要作用是储藏精气津液，属阴属里；六腑的主要作用是出纳传输，属阳属表，它配合五脏而活动。所以，无论在生理上还是病理上，五脏都比六腑重要。而肝、肾在人体中又扮演着“大将军”及“先天之本”的重要角色，是脏腑养生的重中之重。

肾是藏精之脏

在阐述肾的功能之前，南怀瑾先生在《小言黄帝内经与生命科学》中首先向人们指出，肾不是我们单纯理解的脏器本身，而是一个极其重要而又包含多种功能的脏器。南先生说：“肾脏我上次提过了，不是完全指两个腰子哦！由腰子以下包括睾丸，上面通脑，整个都是肾气的关系，千万不要忘了。如果认为两个肾脏代表了肾，有许多医书你就看不通了，有问题了。肾就是从下面的生殖器，上来到两个排水的道都属于肾。”

中医对肾的理解，内涵要比现代医学通过解剖对“肾”的理解广泛得多，除了实质上的脏器本身之外，我们还要从它的功能、内涵、动态活动上去认识它。比如，根据肾与身体各个脏腑器官的关系，我们认为中医中所说的肾是与膀胱、骨髓、头发、脑、耳、二阴等构成的系统。

就像南怀瑾先生说的：“肾是‘封藏之本’，是收藏的仓库的根本。‘精之处也’，不是讲男女的精哦！是全身精力所在的地方。‘其华在发’，在头发。所以，我们看到中年人到了五十岁男的女的都一样，许多聪明的人头发都掉光，至少中间露顶了。‘其充在骨’，它的充实在骨髓。‘为阴中之少阴，通于冬气’，所以春夏秋冬都有关系。”这是从中医对肾的系统理解上解释肾的功能。

肾所贮藏的精气是人体生殖、造血、生长发育、防病避邪必不可少的物质基础。所以，肾被人们称为“先天之本”，在中医理论中有“人始生，先成精”的说法，可见肾在人类从孕育到发展壮大的过程中所起到的作用之大，无可替代。可以说，肾气的盛衰直接决定着人的生长发育，乃至衰老的全过程，也关系着人的生殖能力。人从幼年到壮年再到老年的身体由弱到强再到衰，就是肾精从形成到旺盛再到衰退的原因在人体上的直观体现。所以，在我国，人们对补肾填精式延缓衰老的方法情有独钟。

肝是魂居之所

既然在中医理论中肾不是单指脏器本身，同样的，肝也并不单指西医学上所指的实质器官。在中医理论中，肝是调节精神情志，促进消化吸收，以及维持气血、津液运行，包含目、筋、爪等身体组织在内的系统，是阳气的根源，也是魂之居所。因此，懂得肝的系统巡行轨迹的人，能通过身体的细枝末节来发现潜在的病变。

正如南怀瑾先生所说:“刚才讲到肺是魄，肝就是魂，我们这个精神灵魂在这个地方。‘其华在爪’，指甲。所以很多看相、看病的，我还记得有看指甲的。我是乡下出来的，我们那里有一个老太婆，我也是她接生的，那个时候没有妇产科，叫做接生婆，我对她都很恭敬。小孩子有病就请她来，我就跟在旁边看，她一来就看指甲。我小时候很调皮，就问她，太婆啊！你怎么抓这里就知道什么病？她看这个经脉的气色，就晓得这个孩子怎么样。‘其充在筋’，筋跟骨不同，外面的筋是血脉。‘以生血气，其味酸，其色苍’，所以肝喜欢酸味，它的颜色是紫色，青苍的，青颜色带一点红。”

此外，肝还主情志。人的精神活动除了和心有关外，还和肝的疏泄功能有关。肝功能正常的人，能妥善地主宰自己的情志活动，调节自己的精神，不大喜大悲，心情舒畅，心态乐观。而肝功能受损的人，大多表现得郁郁寡欢、多愁善感、胸闷胀气、烦恼易怒，凡事都喜欢往坏的方面想。所以，如果有人总是情志不舒，可以去医院检查是否肝功能出了问题。

在中医理论中，古时候的丑时也就是现在所说的凌晨 1 点到 3 点，是肝经当令的时间，受肝藏血功能的影响，要想保养好自己的肝脏，这段时间必须处在睡眠状态。前面我们已经提过，“卧则血归于肝，立则血归于四肢”，当人体处在休息状态时，机体需要的血量减少，大量血液回流并贮存于肝，可以很好地滋养肝脏。相反，当人体处在劳动状态时，机体的需血量增加，肝就会排出其所储藏的血液，以供应机体活动的需要，肝的藏血量就会降低，长久下去会引起血虚或出血的病变。再加上肝主明目，肝血不足，不能濡养于目，则容易两目干涩昏花，或为夜盲；肝主筋，其华在爪，肝血不足，同样会失于对筋脉的濡养，造成筋脉拘急，肢体麻木，屈伸不利，指甲易断无光等。

所以，肝和肾都是人体的重要器官，需要引起我们的重视。但是，传统中医理论认为：身体的脏腑之间并不是各自为政、互不相干的，而是相互依存、互相制约的，它们各负其责，相互配合，共同构成一个完整的机体，任何一个脏腑出问题，都会对其他脏腑的功能造成影响。因此，我们在养生时，不能只关注其中的某一脏腑，像有些人只爱补肾就不可取，要平衡好各脏腑之间的关系，从饮食、环境、作息、精神等各个方面着手，从整体上提升身体素质，否则，就像木桶一样，有任何一块缺失都会影响储水量。

第七章

南怀瑾谈道学中的生活哲学：

体性抱神，以游世俗之间

生活是一个十分宽泛的话题，是对人生的一种多方面的诠释。不可否认的是，人活一世，总会遇到各种各样的问题、这样那样的麻烦，进而产生或喜或悲的情绪。而此时，不懂生活的人会去压抑它、否定它，让自己在痛苦的泥淖里越陷越深；懂生活的人则会承认它、接受它，进而采取合适的方法疏导和管理它，让自己重新回到开心舒适的状态。道家的生活哲学就是教我们以正确的心态面对生活的智慧，是聪明人的必修课。

因缘有命，随缘世事无挂碍

人生除死无大事，死是最大的问题，生死的问题看空了，顺其自然，自己就不会被后天的感情所扰乱了。

——南怀瑾

在道家的处世哲学中，“自然”是世间万事万物本该存在的姿态，不应被破坏，不可被强求改变，真正智慧的人懂得顺自然而生、应自然而亡，不让自己产生太大的情绪波动。然而，顺其自然的人生态度并不是教人听之任之、消极避世，而是希望人们在生活中能够站在更高的层次俯视自己所遇到的痛苦和焦虑，从而更理性、更全面地看待和解决问题。

看穿了，识破了，我们就能更洒脱和从容地面对生活，能困住我们身心的东西将会越来越少。就像南怀瑾先生说的那样：“我们又何必为万物困扰了自己，能够把万物看通了，看空了，不被它困扰，我们就不受束缚了，又何必讨厌身体乃至物理世界的东西。”

“听天命、尽人事”方能无愧于心

很多时候，人们总是看不透，想要追求尽善尽美，希望抓住想要抓住的一切。然而，万事存在太多的变化和未知，没有人能把控一切，即便自己累得筋疲力尽，也未必能达到十全十美的状态。所以，不如尽自己的能力做好自己能做成的事情，其他的一切则顺其自然，在平和的心态中等待未知的惊喜。

有这样一个短小却又发人深省的小故事：在洪水来临时，一个农民救出了他的妻子，但是他的孩子却因救援太迟而被淹死了。这件事传出去以后，村里人议论纷纷。有人认为，这个农民做得对，只要能救出妻子，他们还能再生一个孩子。也有人认为，这个农民太傻了，好不容易养这么大的孩子死掉了多可惜，妻子还可以再娶，而孩子却不能起死回生了。

有一天，一个路人听到了村里人的议论，也感到很困惑：在这种危难关头，如果只能救活一个人，究竟是应该救妻子还是孩子呢？带着这个疑问，他找到了那个农民，想知道是什么样的想法让他做出了救妻子而舍弃孩子的决定。

农民说："我什么也没想。洪水袭来，妻子在我身过，我抓住她就往附近的山坡游。当我返回时，孩子已经被洪水冲走了。"

正所谓"谋事在人，成事在天"，世事岂能尽如人意？我们只能求个无愧于心罢了。在那种万分紧急的情况下，农民并没有多想，而是顺着自己的本能救出了身边的妻子，当他返回再去救孩子的时候，已经来不及了。很多人生的抉择便是如此，既然规律改变不了，那就只求尽自己全部的力量，至于结果如何，就看时运如何了。

悲天悯人不如随遇而安

人活一世，不可能事事一帆风顺，当遇到不能由个人力量改变的遭遇时，是怨天尤人，在不如意的环境中迷失自己，还是随遇而安，尽量使自己的心境平稳轻松，全在于一个人的修养如何。南怀瑾先生说，“随缘世事无挂碍”，一个真正有智慧的人懂得“悲天悯人不如随遇而安”的道理，无论在什么境遇下都会妥善安置自己的内心。

从前，山上住着两位和尚，一位老和尚，一位小和尚。有一天，老和尚给了小和尚一包花种，让他去院子里种花。小和尚做事有些冒失，刚一出门就被门槛绊倒了，花种也随之撒了一地。小和尚正着急时，老和尚却安慰他道“随遇”。为了弥补刚才的过失，小和尚拿起扫帚去扫花种，可不巧的是，一阵风把这些花种吹得四散开来，弄得满园都是。老和尚看到后，说了句“随缘”。小和尚正要补救，可还没有来得及，天又下起了大雨，院子里的花种都被冲到了院子外面，小和尚哭着请求师父责罚，可老和尚却只说了一句“随安”。冬去春来，天气渐渐回暖，有一天清晨，小和尚发现不远处的山腰上开满了各种鲜花，煞是好看，风一吹，飘来阵阵花香。他开心地将这件事告诉师傅，老和尚这时又只说了句“随喜”。

从“随遇、随缘、随安、随喜”这几个词可以看出，故事中老和尚的心态是十分超脱的，他懂得，遇到不顺利的遭遇时，与其怨天尤人徒增烦恼，不如因势利导适应环境，只要心中愉悦，鲜花是长在山腰上还是长在院子里又有什么区别呢？

人生的舍与得：鱼和熊掌不可兼得

财运跟舍有关，小时候就比较大方的孩子，长大后多有钱。

——南怀瑾

有人认为，道家哲学是阴谋论，是教人耍心机、手段，这简直是一个天大的误会。南怀瑾先生在《老子他说》中明确指正道："老子所讲的是自然的道理，自然的法则，同时教人看通因果，强调因果律的可怕，所以要注重道德。"因此，那些道德没有学好，反而学成了反面的人，其实就是不懂道、不懂道德的人。就拿舍与得的人生哲学来说，道家是想要教人不要钩心斗角、争名争利，要顺应自然，舍弃那些繁杂虚无的东西，给自己的身心一份从容与自得，而非教人不顾一切地得到，最终得不偿失。

道家认为，舍得是一种处世哲学，是不计付出、舍己为人的宽大胸怀；舍得是一种做人艺术，是明白自身需求、不强人所难的聪明睿智。拥有这种智慧的人，能够果断地拒绝超越自己需求的东西，最终舍弃、放下，让内心归于平静，在真正属于自己的阵地获得满足。

一念放下，万般自在

人生来就是有欲望的，不仅追求物质上的满足，还要追逐名利，于是我们脚步匆匆，从不停息。尽管如此，还是觉得不满足、不幸福。南怀瑾先生说：“真正的福气没有标准，福气只有一个自我的标准，自我的满足。不知足，是说人的欲望永远没有停止，不会满足，所以永远在烦恼痛苦中。”可见，世事总不能万般如意，有舍才有得。

有这样一个故事：一个很聪明的学生，特别争强好胜，总希望自己在各个方面都能胜过自己的同学和朋友。可是，尽管他努力拼搏了很多年，依然在学业上比不上自己的同学。于是，他十分苦恼地向当地一位有名的大师请教。

为了帮他打开心结，大师领着他去爬附近的一座石山。一路上，石山上很多晶莹亮丽的小石头吸引了这位同学，大师见他喜欢，就对他说：“把你喜欢的小石头都装进袋子里。”他照做了。就这样，刚爬到半山腰，他就累得走不动了，喘着粗气对大师说：“大师，我累得实在走不动了，别说到山顶了，就连再走两步的力气都没了。”大师这才停下来，笑着对他说道：“你也知道背着石头不能登上山顶啊？既然如此，你打算什么时候放下呢？”

这位同学先是一愣，思索良久才明白大师的意思，立即向大师致谢。后来，他放弃了很多与学习无关的爱好，一心一意做学问，终于在学业上有了大的进步。

其实，人生就是如此，生命和精力都有限，想要有所获得，就必须有所舍弃，这样才有可能在某一方面登上人生的巅峰。真正能把握人生的机遇和钥匙的人，一定是洞悉大势所趋后在舍与得之间做出智慧抉择的人，很多时候，人生的万般可能，不在于千山万水间，而在于取舍之间。

舍小求大，有时候吃亏也是福

壁虎遇到危险时，为了保全生命而舍弃自己的尾巴；雄性蜘蛛求爱后，为了完成繁衍的任务，不惜舍掉自己的生命。人生也是如此，有时候吃亏也是福，舍弃小的利益才能换来大的收获。

清朝有一位宰相叫张英，他就是一位能够吃亏和忍让的人。有一天，他的家人送来一封信，信上表明，家里因为盖房子和邻居发生了冲突，张英既然在朝为相，如果出面震慑邻居应该很有效果，所以希望张英修书一封让邻居知难而退。然而，张英读过书信后，深思良久，并没有按照家人所预想的那样给邻居以威慑，而是写了一首诗："千里家书只为墙，让出三尺又何妨？万里长城今犹在，不见当年秦始皇。"

家人看了张英的回信，深受启发和教育，便不再和邻居争抢地盘，还主动将院墙向里移动了三尺。邻居知道后，亦是十分愧疚，也将自己家的院墙向里移动了三尺。就这样，本来相争不下的地方竟然留出了一条六尺宽的街道，被人称为"六尺巷"。

张英一生为人宽厚，虽然是当朝宰相，位极人臣，可从不做仗势欺人的事，他主动劝说家人先行退让，不与人计较一尺一寸的得失，为了大家的和睦，甘愿舍弃小家的利益，从而被后人所尊敬。而"六尺巷"的故事，也作为美谈被人传颂至今。

爱与被爱：度在身，稽在人

一个人的所作所为，讲话做事，都看在别人眼里。

——南怀瑾

英国伟大的剧作家莎士比亚曾经说过：“不管饕餮的时间怎样吞噬着一切，我们要在这一息尚存的时候，努力博取我们的声名，使时间的镰刀不能伤害我们。我们的生命可以终了，我们的名誉却要永垂万古。”可见，名誉是无价之宝，比生命还要重要，是多少钱都无法买来的，声誉一旦损坏，很难弥补。

那么，好的名誉都是怎么得来的呢？《列子》中说：“名也者，响也；身也者，影也。故曰，慎尔言，将有和之，慎尔行，将有随之。”意思是说，一个人的名声就像自身言语的回响，评价就像自身行为的影子，所以每个人都要谨慎自己的言语和行为，这样才能受人尊重，得到好的评价。

别人的评价是对自身言行的总结

对于“度在身，稽在人”，南怀瑾先生说，度就是尺码，譬如一英尺、一公尺，这个是度；稽就是一个成果的考核，是别人客观的考核。所以，法度在于自身，稽考在于别人，我们的名誉就是别人口中自己的样子，是别人为我们的言行裹上的包装，是与我们的内在相匹配的东西。

古时候，有个叫高敬华的生意人。他为人忠厚老实，是个看待名誉胜过生命的人。有一天，他急需用钱，就让儿子把家里的一匹害了眼病的马卖掉。儿子按照父亲的叮嘱牵着马来到集市上，很快就卖掉了这匹马。回到家里，高敬华大吃一惊，问他："怎么这么快就卖掉了？你告诉过人家那匹马有眼病吗？"儿子知道父亲一向恪守诚信，就很心虚地说"没有"。高敬华很生气地批评儿子一通后，随即拉上儿子去集市上找到那个买马的人。他向买马人解释道："对不起，刚才我儿子卖马的时候没有告诉您这匹马有眼疾，我们向您道歉，如果您不想买这匹马，我们现在就可以把钱分毫不差地退还给您。"买马人听了高敬华的话，十分感动，依然决定买下这匹马。二人重新商量好价格后，高敬华把多余的钱退还给了那个买马人。市场上的人知道事情的原委后，更加敬重高敬华的为人，也都更加愿意跟他做生意了。

高敬华的儿子欺骗别人，虽然暂时多得了一些利润，但是毁掉的是一家人的名誉。如果买马人回家后发现了马的眼睛有问题，他们不但会惹来一场麻烦，还会激起邻里乡亲的鄙视，给他们不好的评价。试问，以后还有谁敢与他家做生意？谁还敢再买他家的马？而高敬华注重声誉，宁肯少赚钱，也要对得起自己的良心，他知道，自己的一言一行都代表自身的修养，别人的评价是对自身言行的总结，是自己的信誉所在，利益是一时的，声誉却是长久的，以长久的声誉换一时的利益，实在不划算。

你对待别人的态度，就是别人对待你的态度

人活一世，都希望能得到很多的爱和关照。但是，爱与被爱之间是有着因果关系的。正如南怀瑾先生所说："你要大家对你好，你问自己对别人怎么样？你对别人都是冷眼相看，要别人热眼看你，也做不到。"所以，想要得到别人的喜爱与尊重，就要首先学会喜爱与尊重别人。

刘备就是一个因为爱民如子而被百姓爱戴的君王。刘备最大的特征是"仁义"。相传，他每到一处，都谦恭有礼，宽厚待人，从不做伤害

百姓的事，因此，在那个兵荒马乱的年代，百姓对他很放心，称他为“仁义之君”，总希望他能在治理地区多待一段时间。

当年曹操率军攻打新野时，刘备无奈只能逃往江夏。为了能在刘备的任地安心讨生活，许多新野的百姓想要和刘备一起走。诸葛亮深知携老扶幼地行军十分不妥，每日最多只能前进二十里，而江夏距离新野少说也有三百六十多里，照这样的速度前进，曹操的大军很快就能追上他们。

无奈之下，诸葛亮只得劝说刘备放弃百姓，快速行军。然而，任他磨破嘴皮，刘备依然立场坚定地拒绝了，他说：“我一旦抛弃百姓，他们就会冻死、饿死。大难临头之际，人们总是投亲人而去，今天百姓跟随我，是把我当成他们的亲人了，历代君王皆以为大业以江山为本，但我始终相信：大业者，不是江山，是百姓，只要万民归心，江山早晚会有。而我今天一旦弃百姓独自逃生，从此就会身败名裂，一无所有。危难时刻，百姓可以弃我而去，但是我绝对不会抛弃百姓。所以，先生不必再劝。”

这一席话足以看出百姓在刘备心中的位置，刘备把他们当成了亲人，他们自然也会像对待亲人一样对待刘备。所以，虽然刘备潦倒大半生，甚至在即将 50 岁的时候还脚无寸土、身无寸功，身边却有一大批誓死追随的忠勇之士，都是因为他的人品让人敬佩、他的声誉让人信服的缘故。他的行为得人心，人们对他的稽考自然也不会差。

南怀瑾先生认为，中国政治哲学的大原则为“汤武爱天下，故王”。商汤、周武王，他们爱天下，所以称王天下。而夏桀王、商纣王厌恶天下，所以丧失了天下，这些都是稽考的结果。因此，想要别人给我们一个满意又客观的稽考，就拿自己平日里的一言一行来说话吧。

生有涯而知无涯

学问到了最高处，把所有学问丢光，这是高明人。

——南怀瑾

庄子在《养生主》中说的一句话，很容易引起世人的误解，他说："吾生也有涯，而知也无涯，以有涯随无涯，殆已。"意思是，人生是有限的，但知识是无限的，用有限的人生追求无限的知识，是必然失败的。这句话看起来像是在悲观地鼓励人们不求进取，在学问方面得过且过，其实并非如此。深入去想，它是在告诉我们：做事情要抓住重点，对于永远也达不到的东西则不要苛求。同时，还让我们认识到，自身所掌握的知识只是知识海洋中的冰山一角，切不可骄傲自大。

就像南怀瑾先生说的那样："生命有尽，知识学问无尽，以有尽的生命跟在无穷的知识后面追，是很危险的。既然如此，我们拿着一点点知识，就自以为了不起，自己认为是智能，有学问，了不起，是自找麻烦，太危险了！"

贪多嚼不烂

古往今来，人们读书时最容易犯的一个毛病，就是把所有的时间和精力都花费在学习新知识上，没有时间和精力消化吸收已经学过的内容，最终，新知识没有记住，旧知识也忘得差不多了，这就是我们常形容的“贪多嚼不烂”。既然我们的生命和精力都是有限的，那么不如沉下心来，把锲而不舍的精神用到追求自己真正喜欢的知识上，才能学有所成。

司马迁在《史记》中记录了这样一个小故事：孔子向师襄子学习琴艺，已经学习了十天还没有学习新的曲子，师襄子觉得孔子已经学会了这首曲子，就打算教他新的内容。然而，孔子却说：“我已经熟悉乐曲的形式，但还没有掌握方法。”就这样，孔子又练习了一段时间，等到十分熟练的时候，师襄子说：“你已经会弹奏的技巧了，可以增加学习内容了。”孔子却依旧拒绝道：“虽然我对弹奏技巧很熟练，却还没有领会曲子的意境。”又过了几天，师襄子见孔子进步神速，再次找到孔子说：“你已经领会了曲子的意境，可以增加学习内容了。”可是，孔子依旧拒绝了，并说：“我还不了解作者。”不知道过了多久，孔子弹奏这首曲子的境界仿佛又提升了，只见他神情俨然，若有所思，对师襄子说：“我知道他是谁了，那人皮肤深黑，体形颀长，眼光明亮远大，像个统治四方诸侯的王者，若不是周文王还有谁能撰作这首乐曲呢？”师襄子听了，佩服得五体投地，赶忙起身对孔子拜了两拜，说：“老琴师传授此曲时就是这样说的，这支曲子就叫做《文王操》啊！”

孔子学琴，并不只是简单地追求学会弹奏技巧，而是要深入理解到琴曲的作者及想要表达的情感，因此，即便是老师都说他学得可以了，能学习新的内容时，他依然用心专一、深入其中地练习当前的曲子。从会弹到掌握技巧，再到理解曲子的意境和内涵，孔子刻苦钻研、精益求精的学习态度，不正是值得我们学习的吗？而当他把一首琴曲弹奏研究到如此精深，再想忘记都十分困难了，所以在有限的时间和生命里，孔子学到了真正的知识，他的人生是充实的。

狂妄自大即是无知

庄子提出的“生命有尽、知识无限”的概念，让我们认识到：任何一个人，无论一生多么努力，都无法把浩博的知识全部装进自己的头脑。这个世界上，总有我们到达不了的彼岸和触及不到的高度，所以，在钻研学问上，我们不能骄傲自满，要谦虚不自矜，活到老学到老。

苏东坡是北宋时期的大文学家。他天资聪明，勤奋好学，再加上父亲耐心培养，小小年纪就读了很多书，知识渊博，文采了得，能写一手锦绣文章。渐渐地，苏东坡因才气过人而被越来越多的人知道，大家都称赞他是数年难得一遇的“文坛奇才”。

就这样，少年苏东坡被四周不绝于耳的赞扬声冲昏了头脑，不自觉地有些飘飘然。他自认为，自己阅书无数，才高八斗，很难有人比得上自己。于是，让下人取来笔墨纸砚，洋洋洒洒地写了一副对联：“识遍天下字，阅尽人间书。”写完之后让下人挂在了人来人往的门口。

路人们见了这副对联，并没有太大反应，因为很多人觉得苏东坡是配得上这样的褒奖的。然而，当一个白发老翁路过他家门口时，感觉苏东坡太过狂妄，实属不自量力，想要给他点教训。

第二天，白发老翁拿了一本书来找苏东坡，说自己看不懂，希望苏公子能帮忙指点一二。苏东坡大模大样地接过这本书，心想，以我的学问帮一个老头儿解读一本书还不是“小菜一碟”吗？可是，当他翻开书的时候顿时傻眼了，这上面的字，他居然一个都不认识。白发老翁说：“既然公子自诩识遍天下字，阅尽人间书，想必老朽前来请求赐教，对公子来说是举手之劳的事吧？”苏东坡被说的哑口无言，脸上阵阵发烫。

无奈，只好厚着脸皮告诉老翁，他并不认识这些字，更别说理解这书中的意思了。老翁听了哈哈大笑，又讽刺道:“一个识遍天下字、阅尽人间书的人怎么会连这书上的字都不认识呢？”说完，拿着书扬长而去。

苏东坡又羞又愧，终于明白老翁是看了他那副狂妄自大的对联后特意来教育他的。于是，他立即取来笔，在对联上添了几个字，使对联的意思大变：发奋识遍天下字，立志阅尽人间书。

苏东坡是宋代文学最高成就的代表，即便如此，他依旧有不认识的字，有不明白的学问。那么，对于我们普通人来说，需要学习的东西就更多了。古往今来，真正有学问的大家，都认为自己是无知的，觉得自己需要学习的东西还有很多，进而才会抱着谦逊的心态，完成知识的逐渐积累，只有本身就没多大学问的人，才会自恃才高八斗，就像南怀瑾说的那样:“学问到了最高处，把所有学问丢光，这是高明人。自己没有学问，本来是一张黑纸，冒充白纸一张，是不对的。”

喜怒哀乐，心态也，情态也

“喜怒哀乐”是情态，情绪的作用。

——南怀瑾

在南怀瑾先生看来，“喜、怒、哀、乐”这些表达心情的字只能勉强称得上心态，或许称它们为“情绪的作用”更为合适，因为它们是配合情绪而来的。那么，什么叫情绪呢？先生说：“情绪是生理影响，换一句话，就是气的作用，生理的因素。”当我们遇到顺心的事情时，会忍不住产生“喜、乐”的心情；难过时，看到什么都能产生“哀、怒”的感受，这些都是受情绪的影响而产生的正常心理。

不可否认的是，人活一世，总会遇到这样那样的事情，进而产生或悲或喜的情绪。此时，正确的做法不是压抑它、否定它的存在，而是要承认它、接纳它，进而采用合适的方法疏导和管理它。就像南怀瑾先生说的那样：“这四种东西我们理智上都知道要控制，不要随便发脾气，也不需要傻乎乎地就笑，但是心理情绪的变化，带上生理的关系，气的作用，你理性禁止不住，它自然就发，勉强地禁止反而变成一种病态。”

可以有情绪，但是不能被情绪左右

心理学上有个名词叫“情绪管理”，之所以用“管理”一词，是为了避免走入“压抑”的误区。相信很多人都被一种错误意识洗脑过，认为情商高的人善于用“意志力”压抑情绪，不轻易表露情绪。其实并非如此。情绪不会凭空消失，“压抑”只是消极逃避的方式，会造成情绪的累积，甚至爆发。真正善于管理情绪的人会了解自己情绪的来源，并从根源上疏导和化解它。

美国第十六任总统林肯就是一位善于疏导和管理情绪的人。相传，有一天，一位陆军部长怒气冲冲地来到林肯的办公室诉苦，称一位少将用侮辱的话指责他偏袒一些人。

林肯看他情绪很大，就提议他写一封言语犀利的信来回敬那个骂人的家伙。林肯说：“把你能想到的刻薄的语言全部写上，狠狠地羞辱他一番。”这位陆军部长正怒气填胸，巴不得有个方法来发泄自己的情绪，于是立即采用了林肯的建议，动笔写了一封言辞激烈的信。林肯鼓励道：“对了，对了，就是这样，要的就是这样的效果，好好地骂他一顿，保证他哑口无言。这封信真是写绝了！”

这位陆军部长在信中发泄了情绪，再加上得到了总统的鼓舞，气已经消了大半。当他把信装进信封，准备寄出去的时候，林肯却叫住他，问道：“你干什么？”陆军部长说：“寄出去啊。”林肯赶紧拦住他，说：“这封信不能发，快把它扔到炉子里去。凡是生气时写的信，我都是这么处理的。这封信写得好，写的时候你已经解了气，现在感觉好多了吧？那么就请你把它烧掉，再写第二封信吧。”

林肯作为一个国家的总统，遇到的麻烦要比平常人更多，然而他并没有因为这些烦恼而情绪失控，就是因为他善于管理自己的情绪。拿破仑说：“能控制好自己情绪的人，比能拿下一座城池的将军更伟大。”古往今来，能成大事的人都是善于掌控自己情绪的人，我们可以有情绪，但是不能被情绪左右。

内心强大的人敢于直面自己的失败

内心强大的人，心态端正，遇到挫折时不会一味地自怨自艾，而是会积极地寻找失败的原因并探索解决问题的办法，这样的人，才能逐日进步并获得最终的胜利。美国著名的社会心理学家马斯洛说:“心态若改变，态度跟着改变；态度改变，习惯跟着改变；习惯改变，性格跟着改变；性格改变，人生就跟着改变。”很多时候，我们赢的原因不是能力，而是心态。

曹操就是一个心态乐观、内心强大的人。

建安十三年，曹操在赤壁之战中惨败，八十三万大军被孙刘联盟的五六万军队聚歼，心痛之余，曹操把将士们召集到一起，分析了此次战败的原因。他首先自我剖析，说:“我们八十三万大军挥师南下，却败于孙刘五六万军队，为何？我看最根本的原因就是最近这些年我们胜仗打得太多了，兵骄将怠，文恬武嬉，轻敌自负，尤其是我，居然连一个小小的苦肉计都未能识破，致使东吴火攻得手。由此看来，我们是到了该吃败仗的时候了。失败是个好事，失败能教会我们如何成功，失败能教会我们如何取胜，失败能教会我们如何取天下。一个人要想成事，就要拿得起放得下。”

看到将士士气低落，他话锋一转，盘点起了自己的优势，他说:“我们虽然在赤壁受到重创，但是我们根基仍在，天下州郡，我们仍然掌握着青幽并冀四个州，我们的城池、兵马、子民、赋税仍然数倍于孙权、刘备，朝廷仍然在许昌，仍然在我们的手中。反观孙权、刘备则不然，危难的时候，他们会抱成一团，同仇敌忾，一旦取胜，他们就会明争暗斗，尔虞我诈。若周瑜和诸葛亮能同心同德，我们怎么能在乌林道突出重围？孙刘之辈，先前如此，今后更会如此。总之，他们早晚分裂，早晚必败。”

就这样，虽然遭遇惨败，曹操却没有气馁，没有过分自责，而是带领将士回到南郡认真分析失败的原因，分析当前的局势及自己的处境，一贬一褒间，既打击了将士们此前的嚣张气焰，又鼓舞了士气。若非有良好的心态，曹操怎么会在该“怒”和“哀”的时候如此豁达和清醒？也正是因为他的良好心态，保存了自身的实力，为曹魏的建立打下了坚实的基础。

相濡以沫，不如相忘于江湖

善也不住，恶也不住，把是非善恶毁誉都“化”掉，那就可以“相忘于江湖”，相忘于天地了，也没有觉得人生不人生，连生死都忘了。

——南怀瑾

“相濡以沫，不如相忘于江湖”是出自《庄子》中的一句话，原意是河里的水枯竭了，鱼儿露在了陆地表面，它们与其用湿气相互滋润，用唾沫相互沾湿来相依为命，不如彼此相忘，各自在大江大海里畅游更自在。千百年来，庄子的这句话一直被人们引用，用来比喻处在同一困难的处境里，与其用微薄的力量相互帮助以换取暂时的生存，不如勇敢地放弃这份执着，以全新的自我拥抱新的可能。

然而，面对曾经同甘共苦过的人，面对那丝丝缕缕牵扯不清的情愫，当确定不能一起走下去的时候，只有真正洒脱的人才能做到适时止步，转身相忘。所以，南怀瑾先生说：“‘相忘于江湖’常常被后人引用。在江湖里怎么‘相忘’呢？就是忘记了有江有湖，不受任何的管束了。所以我们所有的人都是离开了水的鱼，都是靠一口口水来滋养生命的，只有真得道的人，才是江湖里的鱼。”

无意义的执着是一种浪费

正所谓“穷则变，变则通，通则久”，当事情到了窘困穷尽的时候就应当有所变动，变动之后才会使事物的发展畅通，畅通之后才能长久发展下去。如果过于刻板，执着于无意义的事情，只能浪费时间和精力，最终还是会走向失败或消亡。所以，无论是在工作还是生活中，我们都要积极培养自己灵活变通的能力。

陈宫是吕布帐下的首席谋士，他正直有远见，智谋过人，深藏韬略，刚正不阿，对吕布更是忠心耿耿。然而，吕布却是一位有勇无谋、目光短浅、爱憎不分、喜欢别人奉承的人。

当年吕布夺了刘备的立足之地徐州之后，中了曹操的离间计，以为刘备和曹操联手想要夺取自己的徐州。当时吕布身边有两个小人，即陈登、陈硅父子。陈登、陈硅父子知道吕布爱憎不分，喜欢听好话，于是邀功讨好，极尽谄媚，很快赢得了吕布的欢心和信任。而吕布的谋士陈宫是一个聪明人，他一眼就看出了陈登、陈硅父子的谦卑作态是居心不良，知道他们一直奉承吕布是有所图谋，于是请求吕布将陈登、陈硅父子赶出徐州。然而，已经听惯了恭维话的吕布哪里肯听陈宫的劝告，他不惜得罪陈宫也要留下陈登、陈硅父子，并对他们委以重任。后来，事情果然不出陈宫所料，吕布率军攻打驻扎在小沛的刘备，随行的陈硅却悄悄地逃走了，而留守徐州的陈登也背叛了吕布，当吕布大军返回徐州的时候，陈登命令将士们不准打开城门，不让吕布进城。就这样，号称勇猛无敌的吕布只能领军败逃下邳。

到了下邳之后，曹操大军来袭，吕布十分恐惧，打算投降，陈宫却劝说道：“曹操远来，势不能停留过久。将军如果率领步兵、骑兵屯驻城外，由我率领剩下的军队在内守城，如果曹军进攻将军，我就领兵攻击他们的后背；如果曹军攻城，则将军在外援救。不过一个月，曹军粮食吃光，我们再行反击，就可以破敌。”

吕布当时同意了陈宫的建议，可他是个没有主见的人，回到家中听了妻子的一席话后，又取消了之前的计划。他的妻子说：“陈宫与高顺一向不和，将军一出城，陈宫与高顺必然不能同心协力地守城。万一出现什么问题，将军要在哪里立脚？而且曹操对待陈宫犹如父母对待怀抱中的幼儿，陈宫还舍弃曹操来投靠我们；你待陈宫并未超过曹操，就把全城交给他，抛别妻儿家小，孤军远出，如若有变，我难道能再做你的妻子吗？”

就这样，屡次不听陈宫劝告的吕布最终兵败下邳，大事休矣，而忠勇无双的陈宫却为了这个无能的主子慷慨赴死，一代英杰就此陨落，后人无不扼腕叹息。

陈宫明珠暗投却又不知变通，在一次次失败的经历中，他早看出吕布难成大事，却仍然与他风雨同舟、患难与共，甚至不惜一死来成全自己的忠心。在后人看来，这种无意义的执着实在是浪费人才，于国家、百姓及陈宫个人都是一文不值的。所以，世人无不惋惜地感慨道：“何物曾奴董太师，原陵青草正萋萋。一时翔集多知处，独恨公台不择栖。”

转身或许有另一番天地

古人云：“高鸟相良木而栖，贤臣择明主而佐。”弃暗投明从古至今都是值得称赞的明智之举，那种不受小恩小惠束缚，果断选择有前途且适合自己阵营的人，才算得上是南怀瑾先生口中的得道之人。

相比愚忠的陈宫，韩信则是一个识时务、知变通的人。可以说，韩信之所以能成就一番事业，和他果断离开项羽投奔刘邦有很大的关系。

韩信早年生活坎坷，既无经商谋生的头脑，又没有可以依赖的亲人，无奈之下仅带着一把宝剑投奔了项梁，开始了默默无闻的从军生涯。后来项梁失败，韩信归于项羽。然而，胸有大志的韩信绝不甘心只做军队里的无名小卒，于是他多次献计项羽，渴望得到重用，而项羽骄傲自大、目中无人，一次次地否决了韩信的提议，仅让他做一个执戟郎中。才智超群的韩信深知，为人主者，刚愎自用是大忌，仅凭自身之勇是万万成不了大事的，而项羽自恃有勇，听不进任何人的意见，很难取得最后的胜利，与其跟着他一辈子一无所成，不如择明主而佐。于是，在刘邦入蜀后，韩信果断地离楚归汉。

相传，齐国失守、龙且战死后，项羽非常恐慌，曾派人游说韩信与自己联合对付刘邦，并许诺他三分天下，然而韩信却谢绝了，他说：“我事奉项王多年，官不过是个郎中，位不过执戟之士。我的话没人听，我的计谋没人用，所以才离楚归汉。汉王刘邦授我上将军印，让我率数万之众，脱衣给我穿，分饮食给我吃，而且对我言听计从，所以我才有今天的成就。汉王如此亲近、信任我，我背叛他是不会有好结果的。我至死不叛汉，请替我辞谢项王的美意。”

韩信由当初的执戟郎中到后来位居齐王，成为西汉开国功臣及享誉全国的军事家，与萧何、张良并称“汉初三杰”，与彭越、英布并称“汉初三大名将”，全是因为他在关键时刻的一个转身，他与项羽的相忘于江湖，给了自己一片更广阔的天地。

安时处顺，哀乐不能入

生是一个变化的现象，死也是一个变化的现象。得到了这个生命这个形体，也无所谓约束；失去了这个生命这个形体，也无所谓悲哀。这就是中国道家所谓的自然。

——南怀瑾

老子曰：“人法地，地法天，天法道，道法自然。”意思是说，人们的生活劳作、繁衍生息都是效法大地的；大地的寒暑交替、孕育万物是效法上天的；上天的排列时序、运行变化又是效法大“道”的；大“道”的存在规律又是依据自然之性的。所以，在道家的哲学中，世界上最大的法则是自然法则，任何人都不可能越过自然法则而生活，顺其自然才是人类长久的生存之道。

既然自然法则无法改变，我们还去追求自然法则之外的东西不是在自寻烦恼吗？所以，不如学会安时处顺，过好每一个我们能够把握的今天。就像南怀瑾先生所说：“这个生命活着的时候，把握现在的时间，现在就是价值，要回去的时候就回去，所以一切环境的变化、身心的变化都没有关系，都是自然本来的变化。”

忧虑明天不如活在当下

生活中，很多人都容易犯一个错误，就是为了并不一定会发生的事焦虑不安、患得患失，企图在某个时间段就能把今后人生中会遇到的烦恼提前处理掉，以便将来可以轻松快乐。其实，很多时候，对于明天是否会发生什么事我们并不确定，即便确定也不一定能提前解决，所以，与其过早地为未来担忧，不如过好每一个当下。

从前，寺庙里的一个小和尚由于年纪小，庙里的住持就没有分派比较重的活儿给他，只让他负责清理寺院里每天落下的树叶。虽然打扫落叶本身并不累，可是到了深秋，天气转凉，落叶满地，在冷风飕飕的清晨做这些活儿可真让人吃不消。尤其是在雨雪天气，树叶被雨水或雪水打湿之后粘在地上，很难被扫起。

对此，小和尚十分头疼，他总希望有一个好办法能让他扫一次地干净两天，这样他就可以借机休息一天了。后来，他的想法被一个年长的大和尚知道了，大和尚就告诉他：“你在明天打扫之前先用力摇树，把落叶统统摇下来，后天就可以不用辛苦地扫落叶了。”

小和尚一听，觉得这个主意不错，于是第二天早起，在扫地之前使劲儿地摇树，希望尽量多摇掉些叶子来，然后把摇掉的叶子统统打扫干净，想着明天就不用干活了，小和尚十分开心。

然而，到了第二天天亮，小和尚跑到院子里一看，不禁傻眼了，院子里依旧是落叶满地，他还要继续打扫。住持知道了这件事，意味深长地对小和尚说：“傻孩子，无论你今天怎么用力，明天的落叶还是会飘下来啊！”

暑去寒来，叶荣叶落，这本就是不可避免的事，小和尚妄图改变这个规律，想让叶子提前掉下来就是为了明天可能遇到的麻烦而怀着忧愁度过今天，这样是于事无补的，只会徒增烦恼。与其如此，不如等明天烦恼来了，再去解决也不迟。李白说“明日愁来明日愁”，真正得道的人会努力过好现在，坦然面对未来。

不管你是否同意，该发生的总会发生

南怀瑾先生在《庄子·南华》中说:“人到了老年，孔子讲‘人之老，戒之在得’。人老了那个思想抓得越紧，那个手抓得越紧，因为日暮途远，来日无多，太阳就要下山了，前途茫茫，所以都想把握住。那些平时不爱钱的人，老了特别爱钱，平时特别大方的，老了以后，儿子也是我的，孙子也是我的。这就是不懂这个生命了，不知道‘处顺’。”仔细想来，确实是这个道理，既然青春留不住，何不坦然地接受这一切呢？

我国唐代著名的禅宗大师惟俨就是一位将一切看得十分透彻的人。他不但自己活得超脱，还喜欢从生活中点点滴滴的小事入手，启发弟子们的悟性。有一次，惟俨禅师带着两个弟子下山修道，途经一片树林，惟俨指着林中的一棵快要枯死的树问两位弟子:“你们说，这棵树是枯萎好还是茂盛好？”

两位弟子都不知道惟俨禅师什么意思，其中一位未加思索就答道:“当然是茂盛好啊。”惟俨摇了摇头，说:“繁华终将消失。”另一位弟子以为惟俨认为枯萎的好，于是转口说:“我看是枯萎的好。”没想到，惟俨依旧摇了摇头，说:“枯萎也终将成为过去。”

茂盛也不好，枯萎也不好，那到底怎样才算好呢？这时候，有一个小沙弥从旁边经过，刚才惟俨禅师及其两位徒弟的对话他都听到了，于是走到惟俨禅师身边说道:“枯萎的让它枯萎，茂盛的让它茂盛好了。”

惟俨禅师这才满意地点了点头，赞许道:“小沙弥说得对，世界上任何事情，都应该听其自然，不要过分执着，这才是修行的态度。”

世上万物都有自己独自的生命轨迹，草的荣枯、花的开谢、月的圆缺都不会因为人的哀乐而改变，自然的法则就是这么强大且不容置疑。不管你是否同意，该发生的总会发生。说它冷酷也好，说它残忍也好，随着时间的流逝，除了自然法则本身，一切的东西包括人的感情都会随之消失。既然如此，人活短短一世，为何还要为美貌、权力、财富、名誉以及生命的长度而患得患失呢？为什么不学着顺其自然，轻松地度过每个能掌控的当下呢？

第八章

南怀瑾谈道学中的生命真谛：

野马也，尘埃也，生物之以息相吹也

古往今来，在人们眼中，“生死”都是天底下最大的事。当新生命诞生时，大家欢呼雀跃；当生命走到尽头时，大家则悲痛欲绝。然而，在道家看来，世间万物都是由宇宙大道演化而来的，人也只是道在世间演化的具体载体。所以，人的生命与其他万物的生命都是一样的，只是宇宙万物在演化长河中的一个小片段，生与死都没有多大差别，活着并不是什么乐事，死亡也并非一定是坏事，真正超脱的人应该以顺其自然的态度去对待人生。

福祸相依，处之泰然

一个人正在得意时，就要知道得意正是失意的开始；而失意，却正是得意的起端。

——南怀瑾

我国有句俗语：“天有不测风云，人有旦夕祸福。”人生在世，风云和祸福的到来总是无法预料的，与其在患得患失中惶惶不可终日，不如调整好心态，当福祸突然降临时，能在“祸”的侵袭中泰然处之，在“福”的浸润中沉着镇定。

正所谓“塞翁失马，焉知非福”，这一刻的福祸在下一刻又不知道将进行怎样的更迭。就像南怀瑾先生说的那样：“祸害到了极点，福便来了；福到了极点，跟着便是祸了。这两件事是互为因果，循环交替而来的。”所以，好事可以变成坏事，坏事同样可以变成好事。身处困境时，不要灰心绝望，或许这只是好运到来前的一个考验；身处顺境时，也不要得意自满，要有忧患意识，以防不测。

身处逆境要心怀希望

孟子说：“天将降大任于斯人也，必先苦其心志，劳其筋骨，饿其体肤，空乏其身，行拂乱其所为，所以动心忍性，增益其所不能。”意思是，上天要将大任降落到一个人身上，一定会事先使他的内心痛苦，使他的筋骨劳累，使他经受饥饿，以致身体消瘦，使他受贫困之苦，使他做的事颠倒错乱，通过这些来使他的内心警觉，使他的性格坚定，增加他不具备的才能。所以，当一个人遭遇挫折时，与其灰心丧气，不如把它看做成功前的锻炼，努力拼搏，争取成为真正有能力、有担当的人。

苏秦是战国时期的纵横家、外交家和谋略家。他自幼家境贫寒，毫无背景可言，少年时师从鬼谷子学习纵横捭阖之术，学成之后想有所建树，在仔细分析了当时的局势之后，认定秦国对时局的影响最大，便将秦国定为第一个去游说的国家。

然而，当时的秦国非常强盛，秦惠王目中无人，居功自傲，以“羽毛没有长丰满的鸟儿不可能高飞”做比喻否决了苏秦对于天下大势的整套构想和计划。苏秦吃了闭门羹之后，并没有马上放弃游说，而是将中国上古以来可以支持他的历史哲学、战争论、战争思想、战争典故都搬了出来继续劝说秦惠王。可是，秦惠王同样毫不犹豫地拒绝了。

当面游说不成，苏秦只得住到了秦国旅馆里，开始书面游说。他前后给秦惠王写了很多次的计划和报告，都如同石沉大海，均未得到回应。而此时，苏秦已经山穷水尽，衣服破旧不堪，连顿饱饭都吃不上，不得不收拾行李回家。

到家之后，苏秦再次受挫。从秦国游说无果而归的苏秦面对的是妻子的不理睬、嫂子的瞧不起、父母的不理解。在外遭受冷遇也就算了，可是家人也这样对自己，若放在普通人身上，恐怕早已心灰意冷，可是苏秦并没有这样。他痛定思痛，从自己身上找原因，将自己的藏书一一翻出来再次仔细阅读，重新研究“阴符”谋略，读书读到困的时候，就拿锥子扎自己的大腿，历史上有名的“锥刺股”的典故说的就是苏秦。经过一番刻苦钻研，苏秦根据时局适时地改变了策略，从游说秦国一统天下变为游说六国结盟抵抗强秦。“皇天不负苦心人”，最终，他以一己之力促使六国合纵，保当时天下臣民二十年免受战争之苦，身佩六国相印，显赫一时。

苏秦的经历堪称逆境中创造奇迹的典范。南怀瑾先生在《孟子他说》中重点剖析了苏秦，称赞他是当时国际政治上的风云人物。事实确实如此，苏秦在政治上遭到拒绝、在经济上身无分文、在情感上又遭受家人的冷落，可谓是跌入了人生的谷底。然而，面对逆境，他不是自怨自艾、萎靡不振，而是心怀希望，以自己极高的修养和学识成功地走出了逆境，迎来了人生的辉煌时刻。

未雨绸缪，方能立于不败之地

战国时期齐国的军事家田单就是一位懂得未雨绸缪的人，他在战争来临时让族人给车轴装上铁箍最终成功逃脱的故事至今被人传颂。

相传在齐闵王执政期间，田单只是临淄的一个市掾，负责佐理市政。公元前284年，燕国的上将军乐毅率军攻破齐国，接连拿下七十余城，齐闵王万般无奈之下，只得弃城逃跑。面对敌人强有力的进攻，田单自知不敌，也只得暂时离开都城避祸，逃往安平。在逃跑的过程中，田单意识到车轴牢固的重要性，于是让同族人把车轴两端突出的地方全部锯掉，用铁箍固定好。

后来，燕军攻打到安平，齐国人再次被迫逃亡，由于人多拥挤，又慌乱不堪，很多人的车轴被撞断，车子无法行进，倒地而被燕军所俘，而田单和他的族人却因为车轴牢固，最终得以逃脱。

危急之中，田单及其族人之所以能平安脱险，就在于田单有居安思危的意识，当车轴还没有显出毛病时，他就料想到今后会遇到的问题，进而提前解决掉。

有人说，我们最大的危机就是意识不到危机，救火不如防火，要知道福兮祸之所伏，无论何时我们都要有居安思危意识，因为“思则有备，有备无患”，如此才能长久立于不败之地。

独异于人，而贵食母

俗人有俗人的生活目的，道人有道人的生命情调。

——南怀瑾

人活在世上，就像是融入社会洪流中的一颗沙砾。若想不随波逐流，就要时刻保持清醒和独立，有自己所坚持的“人生大道”；若想不受太多的摧残，就要善于隐藏自己的锋芒，不要太过逞强，以免上演“木秀于林，风必摧之”的悲剧。

最好的生命状态，就是像南怀瑾先生说的那样，拥有“我独异于人，而贵食母”的处世态度：“虽然和众人不同，却不是标新立异，惊世骇俗。这乃因为自己‘贵食母’，‘母’字代表生我者，也就是后世禅宗说的‘生从哪里来，死向何处去’的生命本来。‘贵食母’意即死守善道，而还我本来面目，永远回归到生母的怀抱——道的境界中去。”

内心坚守大道，不随波逐流

人类作为一种特殊存在的生命意识，总是在无限度地追求自身名利的安全保障。在从众心理的驱使下，我们不敢坚持自己的主见，没有原则地附和别人的想法和做法。因此，当有异于别人的想法时，就会感到惶恐不安。这样就完全违背了道家所提倡的“顺应自然、独异于人”的处世原则，长此下去，很容易丧失本性。

我国明朝的政治家于谦就是一位敢于坚持自我，勇于保持本性的人。他作风清廉，为人耿直，深受当时主持内阁朝政的三位大臣杨士奇、杨荣、杨溥的重视。在惺惺相惜的政治氛围中，于谦每次进京商议国事，从来都只想着政事，而不考虑送礼巴结当朝权贵的事，即便如此，他所奏请的事，早上上奏章，晚上便能得到批准。

然而，“三杨”去世后，朝政大权就落到了唯利是图、见钱眼开的太监王振手中，由此朝中也开启了大臣争相献媚邀宠、送礼行贿的不正风气。地方官员再进京办事，必须献上大量真金白银才能得到方便。于谦对这种风气深恶痛绝，却也无可奈何，只能自己仍然坚守不送礼的作风。有人就劝他说：“您不愿意给大人们送金银财宝，难道不能带点土特产吗？”很明显，这是一种折中的办法，可使于谦的处境不至于太过尴尬。然而，于谦不以为然地甩了甩自己的袖子，笑着说：“我只有两袖清风。”此外，为了表明自己不愿与世俗同流合污的志向，他还特意写诗明志：绢帕蘑菇及线香，本资民用反为殃。清风两袖朝天去，免得闾阎话短长。

南怀瑾先生说：“俗人有俗人的生活目的，道人有道人的生命情调。”于谦生活在贪墨之风横行的政治环境中，抛却俗人对名利、富贵、权势的追求，不畏权贵，坚持自我，不随波逐流，在该坚守自己原则的事上决不妥协，不但守住了自己的纯真“本性”，同时也坚守住了真正的“道”，成为被世人尊崇的名臣。

外在保持本性，不标新立异

世人习惯将善恶、美丑、好坏等事物看作是对立的两个方面，大有非此即彼的感觉。其实，在道家眼中，所谓的对立只是可以相互转化的两个方面。正所谓“智者中庸”，真正能够取得成就的人既不会毫无主见地随波逐流，亦不会锋芒毕露地标新立异，而是在保持本性、不失去自我的同时，隐藏自己的锋芒，潜居抱道。

《庄子》中有个寓言故事，深刻地揭示了盲目显示自己的与众不同会招来灾祸的道理。故事是这样的：有一天，吴国的国王带领众人乘船顺江而下观览沿岸风景，来到一座猴山时，起了兴致，命人停船上岸到猴山休憩一会儿。山上的猴子看到吴王及他身后的随从们，都十分害怕，慌忙逃到了林中。

然而，有一只猴子不但没有逃跑，反而从容地在树上跳来跳去，在众人面前卖弄它的本领，显示它的敏捷灵巧。吴王见这只猴子如此放肆，便起身拿出弓箭去射它。即便如此，这只猴子依旧没有逃跑，反而眼疾手快地抓住了吴王射过来的箭矢。吴王大怒，命令大家一起来射这只猴子，最终将它射死了。

吴王回过头来，借机对他的友人颜不疑说："这只猴子呀，自恃身手灵巧，行动敏捷，竟对我表示藐视，走上死路，是自己找的。你不要对人表现出骄傲的神色来啊。"

颜不疑听了吴王的劝诫，待陪吴王出行回来之后，立即向贤人董梧请教，希望能改掉自己身上傲世轻物的毛病。三年之后，终于取得了成效，获得了京中人们的普遍赞誉。

当危险来临时，这只猴子若能像别的猴子一样躲起来，或许就不会丧命了。然而，它自恃聪明，为了显示自己的与众不同，故意反其道而行之，在吴王面前卖弄灵巧，不但无意中暴露了自己的肤浅，同时也丢掉了性命。所以，我们应该从中悟出一个道理：韬光养晦、低调谦卑、不夸耀的人才更接近于"道"，更容易取得成功。相反，骄傲自大、故作惊世骇俗言行的人往往会遭来祸害，让自己处在危险之中。

动的哲学：动之，徐生

道家要人做一切事不暴不躁，不“乱”不“浊”，一切要悠然“徐生”，慢慢地来，态度从容，怡然自得，千万不要气急败坏，自乱阵脚。

——南怀瑾

南怀瑾先生在《老子他说》中讲述了自己在台北坐火车旅行途中发生的一件事：当时与他同坐的一位旅客正在津津有味地看南怀瑾写的书，差不多快到台南的时候，两个人交谈起来。谈话中，那名读者告诉南怀瑾说：“这本书是南某人作的，他写了很多书，都写得很好。”南怀瑾听别人这么称赞他，并没有很激动，也没有告诉那个人他就是“南某人”，反而平淡地说：“你既然这样介绍，下了车我也去买一本来看。”仅从这一件小事，就足以看出南怀瑾先生“动之，徐生”的智慧。见到欣赏自己的人，他没有把话说满，而是适时打住，留出一些空间给彼此。南先生说：“当时我如果说，‘我就是南某人’，他一定回答说，‘久仰，久仰’，然后来一番当然的恭维，这一俗套，就没有意思了。”

南先生认为，所谓的“动之，徐生”，真正的动，是明明白白而又充满意义的，是心平气和而又生生不息；而“徐生”的含义，也可说是生生不息的长生妙用，它是慢慢地用。归纳起来，完全符合道家一贯遵循的主张，从容和不欲盈。正如南怀瑾所说：“生命的原则若是合乎‘动之，徐生’，那将很好，任何事情，任何行为，能慢一步蛮好的。”

有时候，缺憾也是一种美

古人云：“月满则亏，水满则溢。”事物的发展总是逃不掉盛极则衰的规律的，世人贪心不足，在匆忙慌乱中追求完美，进而迷失自己，却忘了有个词叫“盈满之咎”。无论是财富、名誉、欲望、权力还是感情，各种各样的“盈满”都是道家所忌讳的，我们可以把完美当做努力的方向，却不能只当做终极追求，否则，很有可能自寻烦恼。

古时候，山脚下的寺庙里住着三个和尚，一个老和尚，一胖、一瘦两个小和尚。有一天，老和尚对两个小和尚说：“你们去山上帮我拣一片你们认为最满意的树叶回来，一定得是你们认为最满意的！”

两个小和尚满口答应，转身便出去了。过了不久，那个胖和尚便回来了，交给师父一片还算漂亮的树叶，对师父说：“这片树叶虽然并不完美，边缘有一些瑕疵，但它是我这一路见过最好的树叶了。”那个瘦和尚在外面转了很久，直到太阳快落山的时候才回来，师父见他手中并没有树叶，忙问怎么回事，瘦和尚说：“我在外面见到很多很多的树叶，各种形状、各种颜色的都有，但是它们不是有虫眼儿，就是缺角，还有的快要腐烂了，怎么也挑不出来一片最完美的。所以，没有一片是我满意的！”老和尚望着寺院外纷纷飘落的树叶，语重心长地对两个小和尚说：“世上本无完美之事，有时候，带点缺憾未必不是一种美！”

人活一世，谁都想“拣一片最完美的树叶”，这种初衷是美好的，却也是有违自然法则的。世界上本无完美的东西，如果不切实际地一味找下去，最终只会吃尽苦头，浪费时间和精力，失去更多“拣树叶”的机会。所以，不如换个角度，尝试着发现缺憾的美好之处。就像南怀瑾先生所说：“名利如此，权势也如此。即使家庭父子、兄弟、夫妻之间，也要留一点缺陷，才会有美感。”

智者的自信来自内心的从容

生活的压力催促着人们愈加匆匆的步履，顺从自然、从容不迫的平和心态逐渐被人抛之脑后。然而，与手忙脚乱的做事方式相比，好整以暇更能帮助我们实现目标。所以，南怀瑾先生说：“‘徐生’是针对普通一般人而言，尤其这个时代，更为需要。社会上，几乎每一个人都是天天分秒必争，忙忙碌碌，事事穷紧张，不知是为了什么，好像疯狂大赛车一样，在拼命玩命。如果作生意的话，便是“动之徐 赚”。慢慢地赚，细水长流，钱永远有你的份；一下赚饱了，成了暴发户，下次没得赚，这个生意就不好玩了。‘动之徐生’，所可阐述的意义很多，可以多方面去运用。浅显而言，什么是‘动之徐生’的修道功夫？‘从容’便是。”

人送外号“飞将军”的李广是我国西汉时期的名将，他就是一位临危不乱、从容不迫的人。相传，在西汉时期，北方的匈奴倚仗着自身的兵力强大不断进犯中原。李广因其智勇双全的过人才能被朝廷任命为上郡太守以抵御匈奴进犯。

有一次，三个匈奴人再次南犯中原，打伤了皇帝派到上郡的宦官，李广知道后十分生气，亲自率领一百名骑兵追击他们。经过一番策马狂奔，终于追上了这三个匈奴人，杀死两名，活捉一名，正要回大营时，却发现有数千名匈奴骑兵向这里赶来。

李广深知，如果来硬的，自己的百余名骑兵肯定斗不过敌人的数千名骑兵，所以只能采取“迂回”战术。李广见自己部队的人非常恐慌，便从容不迫地安慰大家道:“我们只有百余骑，离我们的大营有几十里远。如果我们逃跑，匈奴兵定会追杀我们。如果我们按兵不动，敌人肯定会疑心我们后有大部队在行动，他们决不敢轻易进攻的。现在，我们继续前进。”

匈奴的队伍早就发现了李广，可看到李广在只有百名骑兵的情况下仍然整齐有序、不慌不忙地前进，以为他们是为大部队诱敌的前锋，因此不敢贸然攻击，只得停下来静观其变。

李广率领的百余名骑兵离敌人越来越近了，李广下令:“全体下马休息。”将士们听了李广的命令，全体卸下马鞍，躺在草地上悠闲地打盹。

匈奴部队见李广如此淡定，更加断定他身后必有伏兵，于是派哨骑察看。李广见有人来，飞身上马，一箭射杀了探营的人，然后接着回去休息。匈奴将领见李广敢当面射杀自己的哨骑，料定李广胸有成竹，怕遭遇大部队突袭，趁天黑慌慌张张地逃跑了，而李广及百余骑兵则安然地回到了自己的地盘。

在这里，让匈奴兵为之胆寒以至于不战而退的不是李广的骁勇善战，而是他“泰山崩于前而不改色”的镇定自若。试想，李广若不是由内心而表现出来的自信，数千匈奴兵怎么会惧怕这一百骑兵呢？所以，有时候，不慌、不忙、不急促反而更能成事。

天长地久：以其不自生，故能长生

得道的圣人能效法天地的法则立身处世，去掉自我人为的自私，把自己假相的身心摆在最后，把自我人为的身心看成是外物一样，不值得过分自私。

——南怀瑾

老子曰："天长地久，天地所以能长且久者，以其不自生，故能长生，是以圣人后其身而身先，外其身而身存。非以其无私邪？故能成其私。"意思是说，天地之所以能长久，是因为它顺应自然而生存，不是为了自己而生存，因而能够长存。所以，圣人谦卑退让反而能居人先，不计生死反而能保全生命，这不正是因为他无私吗？老子寥寥数语，就将"越是无私的人，越能成就自己"这个辩证而深刻的哲学智慧概括了出来。

古往今来，那些心怀天下、兼济苍生、不在乎个人名利和生死的人，最终反而能保全自己，善始善终。正如南怀瑾先生所说："只要奋不顾身，为义所当为的需要而努力做去。那么，虽然看来是把自身的利益位居最后，其实恰好是一路领先，光耀千古；看来虽然是外忘此身而不顾自己，其实是自己把自己身存天下的最好安排。"

贤者不悲自身贫穷，唯忧万民之苦

与自身的得失荣辱相比，古代圣贤更为关注百姓的疾苦，比如我们熟知的“公而忘私”“身先士卒”“杀身成仁”“先天下之忧而忧，后天下之乐而乐”等，虽然说法不同，想要表达的观点却是相同的，都是为了向世人展现贤者“以天下苍生为己任”的高尚情操。

我国北宋有名的政治家包拯就是一位大公无私、敢于为民请命的人。包拯为官清廉，两袖清风，从来不拿百姓一针一线。相传他在端州做官的时候，曾经因为“不持一砚归”而被端州人民广泛赞扬，把他当作清官的典型，尊称其为“青天大老爷”。

事情是这样的：当时端州出产的砚十分珍贵，是皇宫御用砚的原产地。为了防止资源浪费，朝廷对端州砚的生产实行限额开发的政策。但是，此前在端州任职的地方官为了巴结讨好朝廷权贵，经常以“进贡”的名义层层加码，私自加大订单，强行掠夺百姓。如此一来，端州百姓负担过重，苦不堪言，却又无处可诉。但是，包拯到任后，这一陋习便被立即破除了，他规定端砚的生产数量只需符合朝廷进贡数量即可，州县官员一律不准私自加码，违者重罚。包拯自己以身作则，公开表示绝不要一块端砚。三年过后，包拯在端州任期已满，被调到京城，直到临走，他都信守承诺，不持一砚。所以，“包公不持一砚归”的故事被传为佳话。

除了对自身要求严苛之外，包拯对自己的亲戚朋友要求也很严格。即便做了大官，他的生活依然很朴素，同时也要求家里人像普通百姓一样克勤克俭，不能铺张浪费和靠着自己的职权沾光。他临终前在遗嘱中教育子孙：做官不能贪污，否则，不许回老家，死后也不能葬入祖坟。

包拯一生廉洁公正，铁面无私，不攀附权贵，从来没有为自己的名声及富贵考虑过。但是，世人从来没有忘记过他，无论生前还是死后，他在人们心中都是不畏强权、为民除害的好官，像“包公放粮——为百姓着想”“包公斩包勉——正人先正己”等歇后语所表达的都是世人对他的尊崇与爱戴。

有时候，成全别人就是成全自己

生活中，如果细心观察不难发现，越是低调的人，最后往往越能脱颖而出；越是无私的人，最后往往越能成就自己。比如说，当官的，多为百姓着想，最终会成全自己的仕途和名誉；做生意的，多为顾客着想，最终会成全自己的声望和财富。所以，从全局来看，有时候成全别人就是成全自己。

管理学上曾经讲过这样一个小故事：在一场异常激烈的战斗中，有个上尉发现天空正上方有一架敌人的飞机正快速向阵地俯冲下来。一般来说，遇到这种情况时，最好的保命办法就是立即卧倒。上尉本能地正要卧倒时，却发现不远处有个小战士还站在那里，很明显小战士并没有发现敌机的到来。上尉顾不得多想，一个飞身跳到小战士面前将其扑倒，说时迟，那时快，转瞬之间上尉便以环抱的姿势将小战士保护在了身下。小战士还没回过神来，就听到一声巨响，旁边溅起了很多泥土。等泥土落下，一切归于平静时，上尉拍拍自己身上的尘土，才吃惊地发现，被敌机炸了一个大坑的地方正是自己刚才所在的位置，如果不是跑来救小战士，自己早已倒在大坑里了。

所以，当危险来临时，上尉顾不上自身的安危去保全不远处的小战士，却在无意中保全了自己。这就是“非以其无私邪？故能成其私”的真实写照。这个故事告诉我们：很多时候，与其挖空心思地独吃自屙，不如试着开阔心胸，先去成全别人，或许无意中，命运已经给了自己存身天下的最好安排。

止的人生：人莫鉴于流水而鉴于止水

要认识自己，必须把心中的杂念、妄想静止，才可以明心见性。

——南怀瑾

南怀瑾认为，“人莫鉴于流水而鉴于止水，唯止能止众止”是庄子借助孔子的嘴说的话，是为了告诫世人：“当水流动的时候，不能反照到我们自己；当水静止澄清时，才可以做镜子用。人的心理状况永远像一股流水一样，波浪不停止，永远不能悟道，永远不能得道。”

我们都知道，水能当镜子使用，但是只有静止的水才能给人们一个平静清澈的水面，像镜子般倒映出人的面容。而流动的水，波浪翻滚、奔腾咆哮，带动着水底的沙石浑浊晃动，连自己本来的样子都看不到，又怎么能倒映出人的面容呢？做人也是如此，当我们心乱不安、无所适从的时候，很难看清自己内心的真实想法，也很难透过事物的表面现象看到事物的本质，因而容易做出错误的决定。

静心方能观物

人活一世，面对琐事的烦扰，总是表现得茫然无助，费尽心机想要跳出喧嚣的牢笼却无济于事。直到有一天安静下来，才恍然发现思路如此清晰，道路也很畅通地摆在眼前。所以，南怀瑾先生说：“人不能得定，心念不能像止水一样澄清，就永远没有智能，永远不能悟道，而生命之流永远不能属于你自己，你就永远无法自主，无法了脱生死。”

古时候，有个脾气暴躁的妇女，总爱为生活中的点滴琐事而大发雷霆。时间一久，亲戚邻居都开始疏远她，她感到很孤单和无助，决定上山去求助一位高僧开释，以求从根本上改变自己。

那位高僧听了她的遭遇，并没有任何表示，只是把她领到一座禅房中，落锁而去。这位妇人在禅房中等了许久，始终不见高僧来开门放她出去，终于失去了耐心，破口大骂。然而，无论她怎么怒骂，高僧都不理会，任由她去。妇人见大骂不奏效，开始哀求高僧放她出去，高僧依旧充耳不闻。如此折腾一番，妇人终于累得发不出声来了，高僧见她沉默，便主动来到禅房前，问道：“你还生气吗？”妇人照实回答：“我只生我自己的气，为什么来这个地方受罪。”高僧听了，说：“连自己都不原谅的人怎么能心如止水？”说完，拂袖而去。又过了一会儿，高僧再次来到门前问道：“你还生气吗？”妇人说：“不生气了。”高僧诧异道：“为什么？”妇人说：“气也没有办法啊。”高僧听了，摇了摇头，说：“你的气并未消失，还压在心里，爆发后将会更加剧烈。”很久之后，高僧第三次来到门前，妇人告诉他：“我不生气了，因为不值得气。”“还知道值不值得，可见心中还有衡量，还是有气根。”高僧笑道。直到夕阳西下，高僧再一次来到禅房前问妇人是否还生气的时候，妇人已经很平静了，她淡然道：“大师，什么是气？”高僧开门后，将手中因平静而清澈见底的茶水递到她面前，妇人视之良久，顿悟，叩谢而去。心如止水，烦恼从何而生？

故事中的妇人由心绪不宁时的暴跳如雷，到心如止水时的波澜不惊，正是由于她看到了自己的内心，找到了烦恼的根源，因而才能从根源上跳出烦扰的樊笼，让内心归于平静。就像美国著名的企业家乔布斯说的那样:“如果你坐下来静静观察，你会发现自己的心灵有多焦躁。如果你想平静下来，那情况只会更糟，但是时间久了之后总会平静下来，心里就会有空间让你聆听更加微妙的东西——这时候你的直觉就开始发展，你看事情会更加透彻，也更能感受现实的环境。你的心灵逐渐平静下来，你的视界会极大地延伸。你能看到之前看不到的东西。”

不一则不专，不专则不能

南怀瑾先生说:“我们人的一切思想的混乱、烦恼痛苦都是心念不能得止。心念得止是内在的基本修养，然后外在的行为也要做到止，就是自己认定一个目标，一个方向，一个途径，止于某一点。”人要成材，或者成就事业，首先要做到的就是心无旁骛，专攻于某一方面，使之炉火纯青，化为技能为己所用，而做事时三心二意、心神不定的人，将一事无成。

《孟子》中记载了这样一个故事：春秋时期，鲁国有位下棋高手，人送外号弈秋。由于棋术高明，很多对下棋感兴趣的年轻人都想拜入弈秋门下，跟他学棋艺。在众多的求学者中，弈秋收下了两个天资聪慧的学生，每天在同一个教室耐心地给他们讲解棋艺。

然而，这两个学生，只有一个是真心想学习棋艺的，每当老师讲课时，他总是专心致志，从不松懈。而另一个学生，只是图弈秋的名声大，心想，只要拜在弈秋门下，凭借自己此前的资质，也能在外混个名头。于是，老师讲课的时候，他总是心不在焉的，不是探头探脑地往窗外看天鹅什么时候飞过，就是想着下课之后跑到哪里的田野和树林里捉小鸟。

就这样，一连过了多日，弈秋想考一考两个学生学得怎么样了，就让他们两个对弈。起初，那个上课不注意听讲的学生凭借此前的基础还能勉强对付几局，可是三局过后，他们两人的差距就显露出来了。那个上课专心致志的学生从容淡定，攻守有序，很快就杀得那个三心二意的学生毫无还手之力。弈秋一见，语重心长地对两个学生说："虽然下棋只是一种小小的技艺，算不得什么大本事，但不专心致志地学习，也是学不好的啊！"

同样是资质不凡的人、同样拜在一个老师门下、在同样的教室听同样的课，一个学生能学有所成，领悟棋艺的奥妙所在而另一个却落于下风，与别人的差距越拉越大，为什么呢？就是因为用心不专。下棋如此，生活中的很多事也是如此，不一则不专，不专则不能。

难作于易，大作于细

不论任何事，看得容易的话，反而困难。

——南怀瑾

南怀瑾先生在《老子他说》中引用了古人的一首诗：自小刺头生草丛，而今渐觉出蓬蒿。时人不识凌云木，直待凌云始道高。这首诗讲述了小松刚出土时小得可怜，只能被淹没在深草里。然而，它不因自己的小而自卑，坚持吸收天地精华，努力生长，终于超过小草，成为被人顶礼膜拜的参天大树。南怀瑾先生想要借此诗告诉我们，事物的发展总是循序渐进的，不可能一步登天。所以，我们不要好高骛远，要从点滴的小事做起，再艰难的事情，只要坚持不懈就必有所成。

古往今来，能够取得成功的人都是在立下了宏远的志向后朝着目标一步步迈进的人，懂得从大处着眼、小处入手的人才是真正的智者，如果志存高远，但是不付出行动，那么志向也只能是空中楼阁。

千里之行，始于足下

苏联伟大的革命导师列宁有这样一句名言："人要想成就一件大事，就得从小事做起。"我们都知道，做小事到成大事是量变引起质变的过程，就像想要建成一座最伟大的建筑就要从地基垒起一样，伟大事业的做成，也要从做好每一件小事开始，一个不将小事放在眼里的人，是很难成就大事的。

东汉时期的名臣陈蕃少有大志，在他15岁时，曾经住在一间肮脏的房子里无事可做。有一天，他父亲的朋友薛勤来他家看望他，见他屋里如此脏乱，简直难以下脚，就很疑惑地问他："小子，你在家没事做，为何不把屋子打扫干净来迎接客人呢？"本以为陈蕃听了后会感到羞愧，谁知道他却不以为然地回答说："身为男子汉大丈夫，我的志向是治理好天下，扫除天下的垃圾，哪能将时间浪费在打扫自身住的这一间小小房子上？"薛勤知道他有澄清天下的志气，非常赞赏，可是又对他的眼高手低感到不满，于是反问道："你连打扫自己屋子这件小事都做不好，若真的把天下交给你，你能治理好吗？"陈蕃听了薛勤这句话，才从狂妄自大中醒悟过来，从此开始脚踏实地、认真做好每一件小事，终于成了东汉时期清正廉洁、不避强权、犯颜直谏的重臣。

少年陈蕃胸怀"扫天下"的远大志向并没有什么不对，但是他没有意识到"扫天下"正是从"扫一屋"开始的,"扫天下"包含了"扫一屋"，而不能"扫一屋"的人是断然不能实现"扫天下"的理想的。正所谓"不积跬步，无以至千里；不积小流，无以成江海"。无论何时，想要做一件大事，都要先做好身边的小事。

小事上不注意有可能酿成大祸

正所谓"千里之堤，溃于蚁穴"，可见，很多成败只在一个细节上，也许不经意的一个小失误，就会导致一场大的失败，历史也将因此而改写。

一个关于英国国王查理三世的战败传说就说明了细节的重要性。

1485 年，英国国王查理三世要和亨利决一死战，这场战斗将决定由谁来统治英国。在战斗开始前，查理三世让马夫去给自己最喜欢的战马钉掌，马夫找到钉掌的铁匠后，得知铁匠的钉子不够了，而砸新的钉子需要一点时间。然而，马夫急切地说来不及了，于是铁匠只在马掌上钉了三个钉子，马夫便匆匆牵走了国王的战马。在战斗开始前，马夫将这个情况报告给了查理三世，可是，查理三世压根儿来不及注意这些细节，急忙骑上战马赶赴战场了。

两军交战时，查理三世正领着士兵们冲锋陷阵，英勇杀敌，突然间他胯下战马的一只马蹄铁脱落了，战马跌倒在地上，查理三世也因此掉下马来，那匹受惊了的战马跳起来逃走了。大军一见国王倒地，战马逃走，吓的纷纷后退，整支军队瞬间成了一盘散沙。这时候，亨利的军队趁机包围了上来，并将查理三世俘虏了。而直到此刻，查理三世才意识到一颗钉子的重要性，在被俘的一刻高喊：“钉子，马蹄钉，我的国家就倾覆在这颗马蹄钉上！”就这样，查理三世因为一颗钉子而失去了整个国家。

英国的一个民谣很好地还原了这场战争的成败与一颗小钉子之间的关系：“失了一颗铁钉，丢了一只马蹄铁；丢了一只马蹄铁，折了一匹战马；折了一匹战马，损了一位国王；损了一位国王，输了一场战争；输了一场战争，亡了一个帝国。”所以，无论何时，我们都要注意细节的重要性，不要因为一个轻率的决定而悔恨终生。

有以为利，无以为用

无论是出世之道，与入世之用，必须切实明白道在“有无”之间的窍妙。

——南怀瑾

老子在阐述“有”和“无”之间的关系时，举了三个比较浅显易懂的例子。他说：“三十辐共一毂，当其无，有车之用。埏埴以为器，当其无，有器之用。凿户牖以为室，当其无，有室之用。”意思是，三十根辐条集结为一个车轮，正是因为它们拱成了一个圆形的中空之处，才能连接车轴，使得车轮有了用途；揉捏粘土制成的瓷器，正是因为有了中间空着的部分，才使得器皿有了用途；开凿门窗建成的居室，正是因为它中间是空的，才使得房屋有了用途。

在南怀瑾先生看来，老子多用比喻，意在申述道在“有、无，动、静”之间的表现，不管他是以车毂、瓷器举例，还是以房屋举例，都是想告诉人们：无论是出世之道，还是入世之用，必须切实明白道在“有无”之间的窍妙。因此，南怀瑾先生说：“‘故有之以为利，无之以为用’，了解此理，才是真的懂得‘利用安身’的大法则。”

掏空自己才能有所突破

一个追求上进的人，一定是敢于“掏空”自己的人，当内心被“掏空”，让自己回归到清净、无我、真我的状态时才能达到“无”的境界。在无我、忘我的境界中投入精力，专心做事，才更容易取得成功，有所突破。

有一个年轻人，自认为在佛学上的造诣很高，听说附近山上的一座寺庙里住着一位德高望重的老禅师，便想着前去拜访请教。

他到了寺庙之后，看到前来接待自己的不是老禅师本人，而是寺庙中的一个小沙弥，心中很不高兴。他想：我好歹也是这一带小有名气的人物，老禅师就派这么个名不见经传的小沙弥接待我，也太瞧不起我了吧。于是，他态度十分傲慢地对小沙弥说：“请你们老禅师出来。”

老禅师来后，这个年轻人依旧表现得十分狂妄，不像是来请教的，倒像是来赐教的。老禅师见状并没有说什么，而是非常恭敬地给年轻人沏茶倒水，然而，水杯已经满了，水不停地往外溢，他还在不停地倒。年轻人不解地问：“大师，水杯已经满了，你为什么还要往里面倒水？这样的话，怎么可能倒进去？”老禅师这才停下来，说：“是啊，水杯已经满了，就添不进去水了，那干嘛还要倒呢？”

年轻人认真思考良久，方才明白老禅师的深意，转而变得谦卑起来。

很多时候，我们就像那只杯子，只有在空着的时候，才能不带偏激和骄傲地去接受新知识、学习新内容。如果脑袋里被自负的情绪占满，还怎么去接受新的事物呢？

“无”有大用

在道家的哲学体系中，“无”和“有”的关系也就是“利”和“用”的关系，“有”提供的是使用上的便利，而“无”发挥的则是实实在在的作用，二者相辅相成，辩证统一。智慧的人，特别善于利用“无”的作用，虚则实之，实则虚之，虚虚实实，无中生有，抓住事物发展的有利时机，一举成功。

战国时期，秦国的相国张仪就是一位善于利用“无中生有”之计的高手。当时，秦国虽然兵力最强，可楚国和齐国也分别以地盘最大、地势最好的优势在诸侯国中赢得了一席之地，尤其是齐楚结盟之后，秦国就更加无力与之抗衡了。于是，张仪向秦王献计，说：“离间齐、楚之间的关系，再分别击之。”

秦王听从了张仪的建议，并派其出使楚国。张仪知道楚怀王是个重利轻义的人，于是带着厚礼前来拜见，并许诺，如果楚国答应与齐国断绝联盟关系，秦国愿意把商於之地六百里送给楚国。

楚怀王一听，十分开心，这样一来，不但可以得到六百里的土地，还能与强秦联盟削弱齐国，真可谓一举两得。因此，不顾众大臣的反对，爽快地答应了张仪的要求，并立即派人到齐国大骂齐王，表明断交之志。

事后，楚国的使臣邀请张仪一起面见秦王商议秦国送给楚国土地的事，张仪说：“区区六里土地，还需要让秦王做决定吗？我自己就能做决定啊！”使臣闻言一惊，诧异道：“你说的是商於之地六百里啊，怎么变成六里了？”张仪也故作惊讶道：“哪里的事，秦国的土地怎么可能随意送人，我说的是一个叫‘六百里’的六里之地。”使臣大怒，回去禀报楚怀王，楚怀王这才知道上了张仪的当，立即发兵攻打秦国，哪知道秦齐已经结盟，在两国的联合攻击之下，楚国大败，只得割地赔款求和。

“无中生有”本是三十六计中的一计，本意是通过虚虚实实的情况麻痹敌人。《孙子兵法》说过：“有则示其无，无则示其有。”张仪所使用的就是无中生有之计，巧妙地利用敌人的贪念由假变真，由虚变实，出其不意，攻其不备，让“无”在无形中发挥实质性的作用，让“无”以“有”为表象，最终实现真正“有”的目的，得到实质性的好处。

含德之厚，比于赤子

> 一般婴儿的心理，是没有是非观念，没有善恶观念，没有好坏观念，没有香臭观念。不论坏人好人来逗他时，他一样都笑，因为婴儿没有后天的分别意识。
>
> ——南怀瑾

我们常用“赤子之心”来比喻心地纯真善良、热爱生命、道德淳厚的人，而童心本就是纯真不伪、本色自然的东西。所以，在老子看来，拥有单纯的本性本身就是一种美德。

南怀瑾先生说：“一般婴儿的心理，是没有是非观念，没有善恶观念，没有好坏观念，没有香臭观念。不论坏人好人来逗他时，他一样都笑，因为婴儿没有后天的分别意识。”这就是赤子心底澄明的表现，对待外界事物，天真无邪，一视同仁。古往今来，那些成就非凡的人往往胸怀博大、无私，做人做事纯粹自然，不为纷繁的世事困扰，不正是因为拥有一颗赤子之心吗？

最纯真的心，有着简单的善良

“回归自然，追求超越”一直是道家生命观的终极目标，生命的本质不在于让人无法割舍的功名利禄，而在于生命的过程本身。赤子是生命最初的状态，其实也是生命最美好、最强大的状态，沉稳成熟的人在阅尽世事、历尽沧桑之后，还是会选择解脱生命的种种束缚，做回质朴、纯真的赤子。

很多人都听过这样一个故事：美国著名的节目主持人克林莱特有一次进行一个访问，他的访问对象是一个小朋友。克林莱特问这个小朋友："你长大之后想要当什么呀？"小朋友很天真地告诉他："我长大想要当一名飞机驾驶员！"克林莱特想要逗逗这个小朋友，就故意出难题说："那么，假如有一天，你开着飞机飞到太平洋上空的时候，引擎突然熄火了，你会怎么办呢？"小朋友先是一怔，认真思索后一脸纯真地说："我会先告诉坐在我飞机上的所有人都绑好安全带，然后我挂上我的降落伞跳出去。"

小朋友此话一出，立即引得现场观众哈哈大笑，大家都认为这个小朋友是自作聪明的坏蛋，自己逃跑还让别人绑好安全带，这不是典型的损人不利己吗？然而，在大家的笑声中，只有克林莱特发现这个小朋友正在流泪，克林莱特觉得他的想法应该不只是听起来这么简单，就深入地问道："为什么你要这么做呢？"小朋友这才停止了哭泣，说了一个几乎惊呆所有人的答案："我要回去拿燃料，我还要回来！"

这虽然只是一个假设，可是小朋友善良简单的想法和大人们自以为是的嘲笑形成了鲜明的对比，大人们都觉得自己比他人聪明，看问题、做事情时也总是从自身习惯的思维方式出发去揣度他人，所以他们认为小朋友一定也是自私自利的，因此才会让飞机上的乘客绑好安全带而自己跳伞逃走。

然而，"人之初，性本善"，小孩子没有接受过多复杂思想的浸染，看问题总是简单的、善良的，他们纯洁无瑕，希望每个人都好，就算自己成功地逃出飞机，依旧想着拿上燃料回去解救所有人。所以，赤子的善心才是最纯真的心，不是那些"以小人之心度君子之腹"的大人所能理解的。

天才源于童心未泯

孟子说："大人者，不失其赤子之心者也。"意思是说，伟大的人都是童心未泯的人。因为童心未泯的人能够保全单纯自然的本色，永远以一种童心般的善良和新奇面对这个世界，不骄傲、不自大，潜心学习，以至于更加博闻多识，更加温和谦恭。

孔子就是一位童心未泯的圣人。有一天，孔子外出游学，来到一个池塘边，看到两个小孩在争辩，便上前询问原因。其中一个小孩指着太阳说:“你看，太阳早上的时候像车轮，中午像盘子；远的时候看起来小，而近的时候看起来大，这说明太阳刚出来的时候离人近，中午的时候离人远。”另一个小孩则不以为然，他说:“太阳刚出来的时候感觉并不热，中午的时候却像个火盆似的，不是远的时候感觉凉、近的时候感觉热吗？所以，太阳一定是早上离我们远，中午离我们近。”

孔子听了这两个小孩的辩论，觉得各自都很有道理，一时间也不知道该怎么评判。这时候，一群鹅在池塘里“哦哦”叫着戏水，一个小孩又问孔子:“鹅的叫声为什么这么大？”孔子说:“可能是因为它的脖子长。”小孩笑着说:“青蛙的脖子短，为什么也能叫得这么大声呢？”孔子再次无言以对，只能摇头认输。小孩得意地哈哈大笑，说:“人们都说你是圣人，上知天文，下知地理，中知人伦纲常，可是今天看来并非如此，原来你连这么简单的事情都讲不清楚啊！”

孔子羞愧极了，连忙俯下身去对他俩说:“后生可畏啊，我当拜你俩为师。”

其实，除了这个故事之外，历史上还有另一个关于孔子拜小孩为师的记载。那个小孩叫项橐，年仅7岁，在一次偶然的机缘下遇到并辩赢了孔子，孔子好学求知，于是不耻下问地拜其为师，而南宋大儒王应麟编写的《三字经》中“昔仲尼，师项橐，古圣贤，尚勤学”的典故就是由此而来的。

孔子作为一个大学问家，能够虚心向小孩请教，不只是说明了他虚心，更说明了他有对世间万物的好奇心，有求索与追求新知的赤子之心。正因为此，孔子才能看到小孩子天真可爱背后隐藏的真知与智慧，也只有童心未泯的人才能欣赏赤子在外人看来无比稚嫩的举动。所以，孔子才能成为千百年来被世人推崇的大圣人。

生者寄也，死者归也

一切万物都是自然在变化。

——南怀瑾

南怀瑾先生在《庄子·南华》中讲述了老子死后他的朋友秦失前来吊丧的故事，秦失见到老子的尸体后并没有像其他人一样号啕大哭，而是不哭也不笑地大叫三声，老子的学生看到这一幕，质问秦失为何如此？秦失却说："得道的人，生死也不入于心中，生死一体，活着是睁开眼睛在这里做梦，死了是闭着眼睛在那里做梦，反正是在梦中游戏。结果呢，你们这些跟老子学道的学生还动了真感情，大哭大叫，可见你们没有得道。换句话说，老子没有把你们教好。"可见，秦失是得道之人，他已经达到了顺其自然、看淡生死的境界。

在道学理论中，世间万物都是由宇宙大道演化而来的，人也只是道在世间演化的具体载体。所以，人的生命与其他万物的生命都是一样的，只是宇宙万物在演化长河中的一个小片段，生与死都没有多大差别，活着并不是什么乐事，死亡也并非一定是坏事，真正超脱的人应该以顺其自然的态度对待人生。

看淡生离死别，方得人间自在

古往今来，生离死别一直被认为是人世间最大的悲哀。活着的时候不能好好享受生命，死去的时候开始留恋和不舍，看不开、放不下、走不出，最终只能在痛苦中煎熬。其实，真正悲哀的不是死亡本身，而是我们对待死亡的态度。就像南怀瑾先生说的那样：“人的感情自然有喜怒哀乐，可是哭得非要唱起歌来，大声把喉咙哭哑了才算伤心，这个感情已经做假了，不是真感情，这是违反天然的，已经忘记了生命的本来。生命的本来是什么？‘崇高改至堕落，积聚必有消散，有命咸归于死。’到了最高必然要掉起来，聚集在一起久了必然会散开，所谓‘生者寄也，死者归也’，有活着的生命，自然有归宿的那一天。这是必然的道理。”

《庄子》中还讲述了一个故事，“庄子妻死，鼓盆而歌”，这个故事和秦失为老子吊唁有几分相似。相传，庄子的妻子去世之后，他的好朋友惠施前去吊唁并安慰庄子。然而，到了庄子家里，惠施大吃一惊，原以为庄子会因为妻子的死而悲戚痛哭，伤心难耐，可却见庄子两腿岔开，像簸箕一样坐在地上敲着瓦盆唱歌。

惠施很不理解，愤怒道：“你的妻子和你在一起生活这么多年，不辞辛苦，为你生儿育女、操持家务，现在她去世了，你就不难过和伤心吗？竟然还有心情敲着瓦盆唱歌。简直太过分了。”

庄子这才慢悠悠地回答道：“惠兄，感谢您大老远跑来吊唁。其实，我妻子刚去世的时候，我也很难过，可是后来我想通了。我妻子最初是没有生命的；不仅没有生命，而且也没有形体；不仅没有形体，而且也没有气息。后来，渐渐地，那最原始的东西经过变化而产生气息，又经过变化而产生形体，又经过变化而产生生命。如今又回归到没有生命的状态。这种变化，就像春夏秋冬四季那样运行不止。现在她静静地安息在天地之间，而我却还要哭哭啼啼，这不是太不通达了吗？所以我止住了哭泣。”

与自己相依为命的妻子去世后，庄子不是不悲哀，只是他认为悲哀并不能改变什么，还不如看开、看淡生死，以乐观坦然的态度对待生死，活着的时候，自然而然地活着，死去的时候，顺其自然地死去，这才是真正通达的人应该拥有的心态。